# ALÉM DA INTELIGÊNCIA
**Aprendizagem mediada e a capacidade de mudança do cérebro**

**Dados Internacionais de Catalogação na Publicação (CIP)**
**(Câmara Brasileira do Livro, SP, Brasil)**

Feuerstein, Reuven

Além da inteligência : aprendizagem mediada e a capacidade de mudança do cérebro / Reuven Feuerstein, Rafael S. Feuerstein, Louis H. Falik ; prefácio de John D. Bransford ; tradução de Aline Kaehler. 2. ed. revista – Petrópolis, RJ : Vozes, 2023.

Título original: Beyond Smater
ISBN 978-85-326-4730-6

1. Aprendizagem – Aspectos fisiológicos 2. Cérebro 3. Ensino – Estados Unidos – Aspectos psicológicos 4. Psicologia educacional I. Feuerstein, Rafael S. II. Falik, Louis H. III. Bransford, John D. IV. Título.

13-13936 CDD-370.15

Índices para catálogo sistemático:
1. Psicologia educacional 370.15

# ALÉM DA INTELIGÊNCIA
## Aprendizagem mediada e a capacidade de mudança do cérebro

**REUVEN FEUERSTEIN**
**REFAEL S. FEUERSTEIN**
**LOUIS H. FALIK**

Prefácio de John D. Bransford

Tradução de Aline Kaehler
Revisada por Luciana Aché

EDITORA VOZES

Petrópolis

© 2010 by Teachers College Press, Columbia University
New York, USA

Título original inglês: *Beyond Smarter – Mediated Learning and the Brain's Capacity for Change*

Direitos de publicação em língua portuguesa – Brasil:
2014, Editora Vozes Ltda.
Rua Frei Luís, 100
25689-900 Petrópolis, RJ
www.vozes.com.br
Brasil

Todos os direitos reservados. Nenhuma parte desta obra poderá ser reproduzida ou transmitida por qualquer forma e/ou quaisquer meios (eletrônico ou mecânico, incluindo fotocópia e gravação) ou arquivada em qualquer sistema ou banco de dados sem permissão escrita da editora.

**CONSELHO EDITORIAL**

**Diretor**
Volney J. Berkenbrock

**Editores**
Aline dos Santos Carneiro
Edrian Josué Pasini
Marilac Loraine Oleniki
Welder Lancieri Marchini

**Conselheiros**
Elói Dionísio Piva
Francisco Morás
Gilberto Gonçalves Garcia
Lorena Delduca Herédias
Ludovico Garmus
Teobaldo Heidemann

**Secretário executivo**
Leonardo A.R.T. dos Santos

*Editoração*: Maria da Conceição B. de Sousa
*Revisão técnica*: Marcos Meier
*Diagramação*: Daniela Alessandra Eid
*Revisão gráfica*: Lorena Delduca Herédias
*Capa*: Aquarella Comunicação Integrada

ISBN 978-85-326-4730-6 (edição brasileira)
ISBN 978-0-8077-5118-3 (edição norte-americana)

Este livro foi composto e impresso pela Editora Vozes Ltda.

*Os autores dedicam este livro*

à memória de Berta Guggenheim Feuerstein (Z"L);

às nossas amadas esposas Tal Ben-Ari Feuerstein e
Marilynn Lubin Falik, por seu amor, suporte
e contínua dedicação e compromisso com
o significado e a realização deste trabalho;

e a Malka Hoffman, que dedicou sua vida
à promoção das diferentes aplicações do trabalho
apresentado neste livro.

# Agradecimentos

Primeiramente, expressamos nossa gratidão aos editores do volume original de palestras sobre as quais este livro se baseia. Sua disposição e desejo de levar este material a mais gente indicam um compromisso com os valores humanos e educacionais e com a mudança social. Somos especialmente gratos a Tirza Yuval (Z"L), editor das publicações da "Universidade do Rádio" e propagador inicial do que agora é bem conhecido como "aprendizagem a distância". Ariella Sturm editou o livro em hebraico.

Os autores agradecem a David Herman, tradutor deste material para o inglês, que foi retirado de uma série de transmissões por rádio feitas em hebraico pelo autor principal, e, posteriormente, publicado em Israel. Sua alegria, pronto engajamento e atenção a detalhes e nuanças facilitaram nosso trabalho com o manuscrito, permitindo um foco e clareza de conteúdo mais profundos, que não seriam possíveis de outra forma.

Kathleen (Kate) Bellanca nos colocou em contato com os editores da Teachers College Press, particularmente Jean Ward, e atuou como agente de comunicação para os autores com Jean, que se tornou um dos principais editores deste volume. Tanto Kate quanto John merecem nosso agradecimento por acreditarem no projeto e por sua disposição e prontidão, que ajudaram a concretizá-lo.

# Sumário

*Prefácio*, 15

*Introdução*, 23

1 A função do pensamento na aprendizagem, 33

A cognição é importante? Se sim, por quê?, 35

Quais são as ferramentas do pensamento?, 38

2 O ser humano é modificável!, 44

Barreiras no caminho para a realização da capacidade de modificação, 47

A importância de gerar um sistema de crenças baseado em necessidades, 56

3 Alterando a estrutura da aprendizagem e do comportamento, 58

A natureza da mudança estrutural, 59

Dimensões da mudança estrutural, 60

Diferenciando a natureza da mudança, 65

Redefinindo a natureza da inteligência, 67

O que nos torna modificáveis?, 73

4 Modificando a inteligência, 75

Ainda assim a resistência permanece!, 77

O argumento que apoia a capacidade de modificação, 79

Trabalhando para gerar a capacidade de modificação, 80

5 Mediando a experiência de aprendizagem, 83

A diferenciação da experiência de aprendizagem direta da Experiência de Aprendizagem Mediada (EAM), 84

A função do mediador na EAM, 97

Resumindo, 105

A EAM é exclusivamente da raça humana?, 108

6 Criando as condições para o aprendizado bem-sucedido – A Experiência de Aprendizagem Mediada (EAM), 110

As características da Experiência de Aprendizagem Mediada, 115

Estabelecendo condições para a EAM: um resumo, 130

7 Mediação para a diversidade humana – Construindo atitudes positivas com relação ao aprendizado, 132

A mediação da sensação de competência,

A mediação da regulação e do controle de comportamento, 137

A mediação do comportamento solidário, 140

A mediação da individualização e da diferenciação psicológica, 143

A mediação da busca, estabelecimento e conquista de objetivos, 146

A mediação da busca por desafio, novidade e complexidade, 148

A mediação da consciência de ser modificável, 150

A mediação de alternativas otimistas, 152

A mediação do sentimento de pertencimento, 154

A importância dos aspectos "situacionais" da EAM, 155

As diferenças entre EAM, criação de filhos e ensino, 156

8 A natureza do aprendizado na ausência da EAM, 160

O que causa a ausência da EAM?, 161

Mediando o passado e o futuro, 163

EAM e transmissão cultural, 166

Lidando com a necessidade de mediar, 170

Barreiras internas que causam a ausência da mediação, 173

Quebrando as barreiras pela mediação, 177

Seres humanos são modificáveis, 178

9 Reconhecendo e melhorando funções cognitivas deficientes, 180

A fase de *input*, 181

A fase de *output*, 188

A fase de elaboração, 191

A relação entre funções cognitivas deficientes e EAM, 204

10 Avaliação cognitiva dinâmica, 209

A lógica da avaliação dinâmica, 212

As funções cognitivas e o mapa cognitivo, 228

11 Criando mudança cognitiva estrutural – O Programa de Enriquecimento Instrumental de Feuerstein (PEI), 237

Os instrumentos do PEI e seus princípios de uso, 240

As metas do PEI: subobjetivos para alcançar o objetivo principal, 248

O dilema entre conteúdo e processo, 267

Evidência para a modificação estrutural do sistema cognitivo, 268

A necessidade da capacidade de adaptação – A racionalização para a intervenção e implicações para programas educacionais, 272

A relação entre avaliação e intervenção, 273

12 A preparação e a prevenção por meio da intervenção precoce – O Programa de Enriquecimento Instrumental Básico de Feuerstein (PEI-B), 277

Visão geral do PEI-B, 279

Descrição dos instrumentos, 281

Respondendo à criança nova e às crianças com deficiências, 283

Pesquisa sobre o PEI-B, 292

Por que preparação e prevenção são necessárias?, 293

13 Formando ambientes de apoio, 295

Um ambiente que previne ou age contra a mudança, 297

A formação de ambientes de modificação, 301

Resumo das questões, 305

14 Novas descobertas da neurociência sobre a capacidade de mudança do cérebro/mente – Um epílogo, 308

Revisando a "ciência" do cérebro, 310

Neuroplasticidade: o maior suporte para a Teoria de Modificabilidade Cognitiva Estrutural (MCE), 311

O papel de neurônios-espelho no desenvolvimento cognitivo, 318

Especificando a relação entre neuroplasticidade e modificabilidade cognitiva, 321

O que significa tudo isto?, 323

Exemplos de implantação de modificabilidade, 324

Perguntas e respostas que apontam para o futuro, 327

*Bibliografia comentada,*

*Referências,* 335

*Índice,* 341

# Prefácio

JOHN D. BRANSFORD

Ler este livro belissimamente escrito sobre teoria e prática me trouxe uma chuva de memórias vívidas e calorosas da metade da década de 1970, quando conheci o Professor Reuven Feuerstein e diversos membros de sua equipe. Eu estava no Colégio de Artes e Ciências na Universidade Vanderbilt e soube que ele daria uma palestra no Centro John F. Kennedy, uma grande instituição de pesquisa na George Peabody College, a estimada escola de educação da Vanderbilt. Junto com diversos alunos e colegas, decidi participar.

A palestra foi fascinante. O prefácio deste livro capta dois dos grandes motivos pelos quais a palestra me tocou tanto. (As palavras do Professor Feuerstein são muito mais eloquentes do que as minhas, então não deixe de ler.) Para introduzir a discussão, você verá que ele enfatiza duas grandes influências no trabalho de sua vida: (1) Oportunidades de trabalhar de perto com grandes mestres – especialmente Jean Piaget e Andre Rey – e (2) o fim da Segunda Guerra Mundial e o subsequente desafio de ajudar crianças sobreviventes do Holocausto ao redor do mundo que imigravam para a Palestina, que logo se tornaria Israel.

Muitos desses jovens pareciam ser muito menos sofisticados em termos de desenvolvimento do que os jovens que participaram dos estudos que o Professor Feuerstein havia observado e conduzido enquanto trabalhava com Piaget e Rey, o que, muitas vezes, era correlacionado com notas baixas, por exemplo, em testes como as Matrizes Progressivas de Raven (descritas neste livro). Uma resposta natural e humanística a estes baixos níveis de desempenho – e muitos colegas de Feuerstein defenderam esta resposta com a melhor das intenções – era criar um conjunto de nichos sociais em que essas pessoas se sentiriam confortáveis e seriam capazes de se apoiar. Mas que tipos de nichos sociais? Muitos defendiam que eles precisavam apenas de habilidades braçais. Feuerstein discordava.

A pergunta feita por Feuerstein foi: existe a possibilidade de um tipo de modificação cognitiva que vá além de ajudar as pessoas a simplesmente aprender um conjunto de fatos e procedimentos manuais e, em vez disso, desenvolva habilidades estratégicas sensíveis a conteúdo, conhecimento, identidades e hábitos mentais, que transforme suas habilidades de interação com outros, ensinando a identificar problemas e transformá-los em oportunidades de desenvolvimento e a moldar seus ambientes, quando necessário, para que a aprendizagem seja mais eficaz? Abordagens sensíveis à avaliação, intervenção (mediação) e oportunidades de engajamento continuado em ambientes de apoio social poderiam permitir que as pessoas continuassem acelerando e expandindo suas habilidades ao longo da vida? A resposta de Feuerstein a estas perguntas foi "sim", e o compromisso com esta resposta inspirou sua teoria de Modificabilidade Cognitiva Estrutural (MCE) e o desenvolvimento de um conjunto de avaliações e intervenções que ajuda as pessoas a serem bem-sucedidas.

Ao ler o prefácio, verá que a ideia de modificabilidade cognitiva tem sido, e ainda é, recebida com grande resistência. Acredito que isto se dá, em parte, porque tem sido interpretada de forma diferente por distintos grupos. Isso significa que o objetivo de alguém deve ser produzir grandes alterações nos resultados de testes de inteligência para indivíduos? Significa que é possível ajudar as pessoas a superarem dúvidas sobre si mesmas e hábitos mentais impulsivos e não estratégicos, para permitir que persistam e tenham um aprendizado futuro mais bem-sucedido? Pelo que vi, um foco em mudanças nas notas de testes de inteligência não era a grande medida de sucesso para Feuerstein, pois, desta forma, os críticos diriam que ele havia apenas "ensinado a fazer prova".

A segunda ideia de modificabilidade cognitiva que discuti previamente é a que me identifico, e acho que o Professor Feuerstein sente o mesmo. Ela se encaixa em diversos casos em que o vi interagindo com alunos e ajudando-os a alterar sua confiança e estratégias, enquanto recebia *feedback* de pais sobre mudanças encorajadoras nas crianças, que se encaixam melhor com esta segunda perspectiva. Como pesquisadores modernos continuam encontrando evidências de que comportamento afeta o desenvolvimento do cérebro e não apenas vice-versa, esta segunda interpretação de modificabilidade cognitiva não é apenas uma declaração de que, com prática, pessoas podem ter mais conhecimento e habilidades e ainda continuarem em um nível fixo de desenvolvimento. É uma declaração muito mais poderosa, que defende a necessidade de pesquisa continuada sobre apoio social para modificabilidade, o que significa e como funciona.

É notável que os autores argumentam contra a sugestão de que estão propondo um "modelo de inoculação", que pressupõe que, quando o pensamento é "fixado" por meio de intervenções sensíveis à avaliação, pessoas automaticamente serão capazes de funcionar em níveis mais complexos pelo resto de suas vidas. Pelo contrário, os autores enfatizam a importância de moldar "ambientes pós-intervenção" que incluam ferramentas, pessoas e outros recursos sociais e materiais para respaldar, e não bloquear, a mudança positiva contínua. Esta é uma visão que vê a aprendizagem e o desenvolvimento como algo dinâmico e transacional, com múltiplos elos de retroalimentação, que idealmente sustentam e aceleram a aprendizagem contínua à medida que as pessoas vivem suas vidas. Pesquisas sobre a natureza desse tipo de ambiente são extremamente oportunas, e desejo explorar mais detalhadamente os profundos e sábios *insights* sobre esta questão que Feuerstein e seus colegas compartilham conosco nesta publicação. É desnecessário dizer que as conexões promissoras com o novo trabalho em neurociência representam caminhos adicionais que este livro ajudará praticantes e pesquisadores a buscar. Espero ser um deles.

Estou extremamente feliz com a publicação deste livro, que retrata um compromisso brilhante e admirável de uma vida explorando questões de modificabilidade cognitiva. Estou convencido de que este é um trabalho fundante, que irá gerar novas práticas entre professores e líderes de escolas, além de suscitar discussões produtivas e novas trajetórias de pesquisa no campo dos avanços de aprendizagem. Gostaria que os leitores tivessem tido as múltiplas oportunidades que eu tive de ver o Professor Feuerstein em ação. Ele é um clínico cognitivo brilhante, similar ao seu mentor, Andre Rey. Também gostaria que as pessoas interagissem com os pais de alunos que viram os benefícios de seu incansável trabalho, necessário para ajudar as crianças a desenvolver a intencionalidade e a competência que muda suas chances de vida. Estes são os dados – dados clínicos – que ajudam a validar este processo.

É claro que exemplos clínicos de sucesso são ótimos, mas muitas pessoas sentem que eles têm limitações – especialmente quando não é possível conhecer os participantes pessoalmente. Como um dos muitos pesquisadores bastante interessados em ajudar o Professor Feuerstein a conduzir rigorosos estudos de suas teorias e práticas, vejo que esta área como um todo – ou pelo menos grande parte dela, incluindo pesquisadores como eu – não tinha o tipo de ferramenta metodológica e formas de pensar nos dados necessárias para realmente ajudar Feuerstein e colegas a testar e refinar suas ideias fundamentais. Em meados da década de 1970, a tônica do momento envolvia uma busca por dados, isto é, notas mais altas em testes de inteligência (difícil de alcançar em pouco tempo), forte "transferência" do enriquecimento instrumental para o crescente sucesso na aprendizagem acadêmica, e assim por diante. O Professor Feuerstein sabia que essas medidas eram diretas demais para esperar resultados fortes, mas quais eram as alternativas?

O *zeitgest* das ciências da aprendizagem de hoje tende muito mais a realizar os tipos de pesquisa necessários para documentar de forma mais completa e explorar os processos envolvidos na modificabilidade cognitiva. Novos paradigmas de pesquisa estão se abrindo, incluindo a neurociência, claro, mas também estudos etnográficos que documentam, cuidadosamente, como as mesmas pessoas, muitas vezes, aprendem de formas diferentes em diversos ambientes formais e informais, dependendo de uma variedade de estâncias e organizações, além de considerar como a aprendizagem depende das crenças do professor e do aluno, das oportunidades para mentoria e colaboração, e assim por diante.

Em minha opinião, essas alterações nos paradigmas de pesquisa fazem com que o trabalho teórico do Professor Feuerstein e seus colegas seja mais importante do que nunca. Isto não é incomum na ciência. Por exemplo, novas teorias de placas tectônicas apresentaram um mecanismo para o movimento da crosta terrestre que tornou outras teorias de movimento continental mais importantes, plausíveis e sujeitas a empolgante pesquisa. No caso das teorias de Feuerstein e colegas, exemplos que as tornam mais importantes do que nunca incluem novos métodos e abordagens de estudo da natureza social e cultural da aprendizagem e adaptação (incluindo sua base no cérebro), que são "para toda a vida, em toda a vida e com profundidade de vida" (cf., p. ex., BANKS et al., disponível em LIFE-slc.org).

Fecho com um agradecimento sincero ao Professor Feuerstein e colegas por seu trabalho altamente inovador e imensamente inspirador. Ao se tornar acessível para educadores praticantes, além de pesquisadores, este novo trabalho pode ajudar professores e líderes a verem seus alunos mais desafiadores de uma maneira diferente, facilitando um novo entendimento de como o pensamento acontece, ajudando-os a ver e identificar o estágio e os tipos específicos de pensamento por tarefas e apoiar o crescimento de todos os alunos em direção ao pensamento mais habilidoso. No geral, este livro dá a pesquisadores e praticantes um mapa do tesouro para uma aprendizagem empolgante e vibrante, além de investigar pesquisas e meios de avaliar a aprendizagem de sucesso.

# Introdução

Neste livro, trataremos da capacidade de modificabilidade cognitiva que o ser humano tem, e como essa habilidade de o cérebro/mente mudar mostra como podemos ajudar os alunos a melhorarem sua habilidade de pensar e de aprender. Levantamos e respondemos a perguntas críticas com relação à habilidade do aluno, ou qualquer ser humano, de mudar e ser mudado pela experiência. É uma questão interessante e importante que continua controversa nos campos da educação, da psicologia e da política social. Após muitos anos sem que a questão fosse tratada, mais recentemente, em resposta e reação ao desenvolvimento da psicologia cognitiva e alterações no clima sociopolítico, surgiram diversos livros que apresentam oposição aguda à possibilidade de se alterar a inteligência, ou, em outras palavras, a habilidade de pensamento do indivíduo. Porém, pelo lado positivo, essas posições também suscitaram muitas reações e discussões que demonstram a importância dada hoje às questões, à natureza, ao desenvolvimento e à capacidade de inteligência e aprendizado, bem como a função de habilidades de pensamento e fatores que determinam o destino de uma pessoa no desenvolvimento da sociedade.

De um ponto de vista histórico, dois encontros completamente diferentes me levaram (Reuven Feuerstein) a desenvolver a teoria da Modificabilidade Cognitiva Estrutural (MCE): primeiramente, minha aproximação de Jean Piaget, que pode ser descrito como o fundador da psicologia do desenvolvimento cognitivo; e, em segundo lugar, meus encontros e respostas às crianças que sobreviveram ao Holocausto, durante a Segunda Guerra Mundial na Europa.

Enquanto ainda era estudante e participante no Instituto Rousseau, em Genebra, de Jean Piaget, encontrei o Professor Andre Rey, que dava aula lá. Devido à mente criativa do Professor Rey e a sua rápida conceituação de abordagens alternativas à avaliação da aprendizagem e funções cognitivas, recebi encorajamento e suporte para desenvolver meu trabalho. Isso me motivou a pensar sobre o processo e o potencial da mudança intelectual e sobre funções cognitivas, para acessá-las de formas novas e diferentes.

Andre Rey foi meu mentor e se tornou meu colega. Fomos juntos conhecer as crianças sobreviventes do Holocausto em Israel, e trabalhamos juntos para melhor desenvolver técnicas e intervenções.

Em meu trabalho com Piaget, que foi um dos grandes defensores da influência decisiva do pensamento nos processos de adaptação do ser humano, eu trouxe uma perspectiva influenciada por meu conhecimento da então dinâmica de influência de Freud, Jung e do menos conhecido Szondi. Os três apresentaram grandes pontos de vista naquele tempo, no início da década de 1950, e atribuíam as principais causas do comportamento humano a tendências e impulsos incontroláveis, originados no subconsciente. Por exemplo, Szondi acreditava que a hereditariedade tinha influência decisiva sobre o comportamento de uma pessoa e sobre todas as suas escolhas. Criou o termo *operotropismo*, referindo-se às nossas tendências inconscientes para determinadas áreas de envolvimento.

Esta história é recontada aqui porque mostra que os primeiros psicólogos de abordagens psicodinâmicas atribuíam pouca importância ao sistema cognitivo, responsável pela função do pensamento, além de supervisionar o processamento de informações. Isso embasa minha necessidade inicial de alterar essas suposições. Comecei a argumentar contra a ideia de que os impulsos que guiavam o comportamento (e a aprendizagem) eram majoritariamente de origem emocional, e que o componente de pensamento – a habilidade de organizar a percepção, coletar dados e transformar em novas fontes de aprendizado – era desprezível.

Apresentando uma alternativa teórica para a conceitualização emocional, estavam os comportamentalistas, que focavam quase exclusivamente no comportamento e seus resultados, não mostrando interesse em suas origens. Na análise final, também deixaram pouco espaço para o pensamento em si.

Quais foram as consequências dessa dicotomia? Pessoas com alta capacidade mental eram uma prova ostensiva de como a habilidade de pensamento era marginal no desenvolvimento da personalidade e das estruturas mentais – tinham as habilidades e propensões como consequências de suas histórias dinâmicas, e não havia o que fazer por eles. Muitos argumentaram que era perturbador tentar intervir em tais situações. Educadores influenciados por esses conceitos psicodinâmicos rigorosos com relação ao funcionamento do ser humano sentiam que era sua responsabilidade simplesmente liberar o potencial das crianças e refinar seus impulsos. Eles não consideravam que o pensamento era um fator importante para conectar o estímulo vivido, nem viam que o produto da experiência pode ser um fator para regular o comportamento responsivo.

Em Piaget, encontrei uma fonte de reflexão sobre o sistema cognitivo. Ele perguntou, por exemplo, como crianças construíam suas palavras por meio do pensamento e da ação, conforme era determinado pelo amadurecimento do cérebro, e como agiam de acordo com a relevância dos objetos aos quais eram expostas. De acordo com Piaget, o sistema cognitivo desenvolve estruturas e operações de pensamento que são criadas no decorrer das interações entre o ser e o mundo, em diversos estágios de desenvolvimento e maturação. Essas estruturas de pensamento (denominadas por Piaget *schemata*) permitem que a pessoa organize o mundo em que vive e planeje, para criar novas informações a partir do que não é diretamente vivenciado, e para construir em pensamento um mundo expandido, que é planejado e organizado.

A teoria de Piaget me deu esperança e potencial para ajudar crianças sobreviventes do Holocausto. Meu encontro com elas constituiu uma segunda fonte para a teoria de MCE. Em 1944 e 1945, quando eu era um novo imigrante no que então era a Palestina e se tornaria o Estado de Israel, conheci algumas crianças sobreviventes do Holocausto. Cheguei a Mikve Yisrael como instrutor. Foi a primeira escola agrícola residencial que recebeu crianças do Holocausto, e seu grande objetivo era reabilitá-las de suas experiências traumáticas. Eu me vi no meio de crianças que haviam passado por um período muito traumático, em um mundo ilógico, desordenado e brutal, sem formas de se adaptar. Antes de imigrar, já havia trabalhado com crianças em situação semelhante, em Bucareste. Em ambos os casos, me perguntava como seria possível essas crianças criarem processos de pensamento, e imaginei o significado do pensamento como meio de processar o mundo caótico no qual haviam vivido. Estive com elas durante a noite, quando reviviam todos os horrores pelos quais passaram, e me perguntava: "Como conseguirei falar com elas amanhã de manhã sobre o que aprenderam, sobre capítulos da Bíblia ou qualquer outro assunto de estudo?" A pergunta que mais me incomodava era: "Será que estas crianças eram capazes de mudar após tudo o que passaram?"

Na teoria de Piaget, graças à importância que ele confere ao elemento do pensamento, confirmei a possibilidade de tirar essas crianças do caos e construir para elas uma nova vida, reeducando seus mecanismos de pensamento.

A grande contribuição de Piaget foi somar ao magma – ao núcleo central da vida, feito de emoções, tendências e impulsos – as habilidades cognitivas emergentes, que poderíamos considerar como gradualmente criadas a partir dele. Seguindo meu entendimento de Piaget e minhas experiências anteriores, passei a reconhecer a necessidade de proporcionar ao pensamento – a mente é uma inteligência ativa e interativa, que organiza o mundo e planeja com antecedência – uma posição central na vida das pessoas.

Este livro, bem como a racionalização, as teorias e as práticas nele desenvolvidas, é o resultado dessa necessidade e luta. Nos capítulos iniciais, levantamos três questões que guiam o desenvolvimento do meu trabalho e nos acompanharão ao longo da obra.

A primeira pergunta é: *Qual é o significado do pensamento como fator decisivo para determinar o comportamento do ser humano, seu lugar, seu* status *e sua contribuição para realizações na sociedade?*

A segunda pergunta é: *É possível modificar o pensamento?* Ou seja, é possível alterar a inteligência e as formas como uma pessoa aprende, ou será que o pensamento é como o clima, do qual frequentemente falamos, mas nada pode ser feito a respeito?

Assumindo que a inteligência tem função importante na determinação do nível de funcionamento de uma pessoa, e considerando que, de fato, é possível alterar o funcionamento da pessoa, chegamos à terceira pergunta: *Como fazemos isso? Como modificamos o funcionamento de uma pessoa?*

Estas três perguntas provaram ser relevantes não apenas para crianças sobreviventes do Holocausto, que foram minha primeira preocupação, mas também para crianças submetidas à privação e a diferenças culturais, ou com déficit de cromossomos ou genético. A modificabilidade se aplica a elas e a uma grande variedade de condições humanas. Este livro é sobre as respostas a estas perguntas. Nosso objetivo é apresentá-lo de forma acessível para pais, professores e todos aqueles que têm necessidade e interesse pelos conceitos e pelo potencial de modificabilidade para melhorar a condição humana.

Os termos *mediador* e *professor* não são usados de forma intercambiável neste livro. Professores, muitas vezes, têm que transmitir conhecimento e habilidades, assim como os pais. Já a mediação é uma interação intencional com quem aprende, com o propósito de aumentar o entendimento, para além da experiência imediata, ajudando o sujeito a aplicar o que é aprendido em contextos mais amplos – conceitos que vão além da simples transmissão de conhecimento, que são melhorias necessárias. Porém, é importante entender – conforme discutido em diversos capítulos deste livro – que os pais são os primeiros a fazerem uma mediação intuitiva do mundo para seus filhos, enquanto os professores têm a oportunidade de realizar a mesma função com seus alunos. Este livro visa a permitir que professores e pais sejam mais intencionais e conscientes deste processo, aproveitando o potencial e o significado da experiência de aprendizagem mediada. Esperamos que os leitores entendam o termo *mediador* e possam ampliar seu potencial de alcance. Para leitores que desejam estudar mais este material, compilamos uma bibliografia ao final do livro.

Este livro surgiu a partir de um conjunto de palestras que o autor principal deu em uma rádio israelense há quase uma década. Sempre que o texto se refere a "eu", trata-se da voz e experiência do autor principal, Reuven Feuerstein. As palestras originais foram ampliadas, trazendo consideráveis contribuições do desenvolvimento da teoria, conceito, prática e pesquisa neurocientífica, que ocorreram em quase uma década desde a concepção e apresentação das palestras originais.

# 1

# A função do pensamento na aprendizagem

A primeira pergunta que tratamos neste capítulo é: "O pensamento é tão importante que devemos ficar intensamente preocupados com ele? Será que ele exige mudanças significativas nos métodos de educação?" Nossa resposta é afirmativa. Como sociedade, lidamos com as necessidades da população, além de com novas e exigentes condições de vida, que requerem o desenvolvimento e a estruturação do pensamento. Mas, por agora, vamos fazer um resumo. Muitos indivíduos de diversas culturas se encontram aprisionados a formas restritivas de pensamento, têm opções limitadas de adaptação e poucos recursos para iniciar mudanças de vida sustentáveis.

Podemos inclusive dizer isto sobre as sociedades e situações que fornecem todas as vantagens e conveniências modernas, incluindo – como exemplo particularmente relevante – muitas crianças que vêm de lares abastados, onde nada parece faltar. No entanto, essas crianças demonstram baixo nível de funcionamento. Neste ponto inicial de nossa discussão, definiremos inteligência como a habilidade de pensar de forma adaptável em resposta a mudanças em nosso ambiente. Isto tem um impacto decisivo para o ser humano com relação à habilidade de escolha, planejamento, tomada de decisão de forma racional e organização de dados recebidos e retidos em ordem de prioridades. Essas habilidades são exigidas, hoje mais que nunca, porque os seres humanos são confrontados com opções de decisões que não existiam antes. No passado, muitas crianças e adultos eram confrontados com decisões determinadas externamente, uma gama limitada de escolhas e variáveis muito mais simples e diretas dentre as quais tinham que escolher. Hoje, uma pessoa tem que decidir por si em face de uma multidão de escolhas. É dito que a pessoa moderna é exposta a mais estímulos em um período de 24 horas do que um homem medieval em sua vida inteira. Portanto, é necessário estar equipado com as ferramentas necessárias para decidir e diferenciar entre as numerosas e avassaladoras opções. Se não houver consciência da necessidade destas ferramentas e habilidade para usá-las, é provável que sejam tomadas decisões a partir de impulsos e motivos emocionais, que nem sempre são benéficos para a pessoa ou comunidade em que se vive. Hoje, mais do que nunca, o desenvolvimento do pensamento e da orientação para o pensamento constituem o objetivo educacional mais importante.

**A cognição é importante? Se sim, por quê?**

Para responder à primeira pergunta que levantamos, identificamos dez motivos pelos quais a cognição representa um foco necessário na aprendizagem para o desenvolvimento humano presente e futuro (FEUERSTEIN & FALIK, 2000). Esses motivos se aplicam à aprendizagem tanto no contexto educacional quanto ao longo da vida.

• Percepção é irreversível; cognição é adaptável e alterável.

• A cognição permite que o indivíduo controle o ambiente a distâncias maiores do que é imediatamente percebido e vivido. Isto significa que, com a cognição, não é necessário experimentar diretamente um objeto ou acontecimento; é possível "pensar sobre ele" e lidar com ele a distância. Isso aumenta as opções de formas de lidar com o mundo.

• Os processos cognitivos nos ajudam a decidir no que focar, quando focar e de quais formas focar.

Isto é importante caso os estímulos que atraem nossa atenção sejam muitos ou conflitantes.

• Processos cognitivos ajudam o indivíduo a organizar e sequenciar a grande quantidade de informação que vem para o sistema, permitindo planejamento, tomada de decisão e trazendo ordem para experiências potencialmente diversas e desconexas.

• Processos cognitivos transformam os dados reunidos em estruturas mentais, que serão reestruturadas e elaboradas posteriormente. À medida que pensamos sobre o que vivemos, podemos adaptar nossas experiências para novas condições e usá-las de modo diferente da original.

• Os processos cognitivos geram novas informações, que não se limitam ao que é proveniente das fontes existentes de informação. Este é outro exemplo da distância necessária que se precisa ter das experiências diretas.

• Quando a conceitualização ocorre (estruturas criadas por meio de processos cognitivos), isso pode ser comunicado aos outros. Compartilhar experiências e entendimentos se torna um aspecto importante da transmissão e adaptação cultural.

• Processos cognitivos permitem acessar as dimensões afetiva, emocional e comportamental da experiência humana, o que é comumente chamado de motivação. Isso nos leva a observar a experiência humana a partir de aspectos importantes, como por que fazemos o que fazemos, o significado mais profundo de nossas experiências, além de estimular o movimento positivo no crescimento e desenvolvimento humanos.

• Processos cognitivos estão em constante estado de animação, produzindo consciência. Para se adaptar de forma significativa ao mundo é necessário que o sujeito reconheça a necessidade e a motivação para mudar, muitas vezes diante de estresse ou conflito potencial.

• Os processos cognitivos permitem o reconhecimento de conflitos, aceitação de dissonância e geração de conflitos produtivos, que expandem a consciência e atividade inicial para tratar deles.

Portanto, esses processos cognitivos que descrevemos são componentes necessários para que nossos alunos respondam à essa era de mudanças rápidas. Unidades de comportamento eram transmitidas para nós já prontas, e não apenas era desnecessário mudá-las, mas era proibido mudar muito.

O uso dessas "unidades comportamentais" não veio da vontade do indivíduo ou da forma de escolha. O contexto dos tempos forçou determinados tipos de pensamento e resposta no indivíduo, criando as condições necessárias para seu uso continuado, e, muitas vezes, gerando forças que restringiam a resposta adaptativa. Hoje, o indivíduo não pode usar modos de ação preparados com antecedência. Mesmo quando podem ser usados inicialmente, isso deve ser feito com grande discrição, adaptado a uma determinada situação, atentando-se para as decisões que são tomadas e como responder especificamente. Estas decisões, que são ocorrências diárias para nós, não podem ser responsabilidade do outro e não podem ser tratadas automaticamente sem a aquisição de estratégias e habilidades, o que denominamos "ferramentas do pensamento".

## Quais são as ferramentas do pensamento?

Um aluno deve estar equipado com habilidades de pensamento, que incluem percepção correta, coleta adequada de dados, sensibilidade a problemas, identificação e definição adequadas de situações a serem respondidas, resolução de problemas e tomada de decisões racionais embasadas. Além disso, o ritmo acelerado da mudança confronta a pessoa com uma intensa demanda para ser ajustada por meio do aprendizado. É necessário adquirir novas formas de funcionamento para suprir os novos requisitos criados no local de trabalho e no ambiente propício ao desenvolvimento tecnológico. Em constante mudança, opções com novas estruturas se abrem para o indivíduo, e escolhas não podem ser feitas sem o processo de autoadaptação e modificação. Devemos preparar os alunos para essa realidade.

Reforçamos que o componente cognitivo é o elemento mais importante no desenvolvimento da personalidade do ser humano. Portanto, é necessário fazer uma pergunta crucial: É possível equipar uma pessoa com ferramentas de pensamento essenciais para se adaptar adequadamente à vida, mesmo quando, de alguma forma, elas não existem? Ao abordar esta pergunta, há duas possibilidades.

A primeira é seguir as tendências existentes e aceitar que a habilidade é um elemento intrínseco, e não modificável, herdado em quantidades fixas e predeterminadas. Isso pode ser chamado de ponto de vista fixista. Para aqueles que adotam esta visão, permanece apenas a opção de responder à pergunta de forma negativa, como fazem muitos psicólogos e educadores que creem que mudanças significativas não podem ser realizadas. De acordo com este ponto de vista, seres humanos não podem ser alterados, pelo menos não além de um nível periférico. O comportamento das pessoas, a forma como funcionam e suas decisões são determinados pela herança genética e pelo sistema neurológico, e apenas uma pequena parte de suas respostas é criada por processos educacionais, ambientais e por decisões individuais.

É claro que escolhemos a segunda possibilidade e respondemos à pergunta feita de forma afirmativa. Nos capítulos seguintes, apresentaremos uma teoria que vê os estudantes como criaturas modificáveis e as trata desta forma. Essa teoria defende que alunos não apenas são modificáveis, mas também modificam a si mesmos e a seus ambientes estruturalmente. Ou seja, as mudanças que descreveremos não são aleatórias ou limitadas ao tempo ou espaço, mas apresentam oportunidades de mudar as estruturas básicas (comportamentais e neurofisiológicas), que são responsáveis pelos processos de pensamento e comportamento do sujeito. Nosso otimismo neste quesito tem sido fortalecido pela nova neurofisiologia, especificamente a descoberta de evidências de neuroplasticidade, com mecanismos como neurônios-espelho. Resumiremos esta evidência e a relacionaremos às nossas teorias e abordagens no capítulo 14.

Neste livro, lidaremos principalmente com o sistema cognitivo, mas é importante apontar claramente que a emoção, do nosso ponto de vista, é a base, a força principal e a resposta à pergunta: Por que eu faço (ou não faço) o que faço? Como podemos observar, a cognição nos direciona para modular e controlar nossas emoções. Praticamente não há comportamento que não tenha motivação emocional e elemento cognitivo, mas o aspecto cognitivo cumpre uma função muito importante ao trazer à tona as emoções mais intensas e diferenciações morais e éticas profundas.

Acreditamos, portanto, que processos cognitivos podem alterar determinantes emocionais e dinâmicos do comportamento. Processos cognitivos fazem com que o indivíduo seja modificável. Reforçamos que existem relações mutuamente influenciáveis pela inteligência e emoção, às quais Piaget se referiu por meio da metáfora "dois lados da mesma moeda". Emoção é o aspecto intenso, o impulso que determina por que fazer algo e que cria a necessidade disso. Os elementos cognitivos da inteligência guiam a pessoa em direção ao que fazer. Dito de outra forma, estes elementos facilitam a estruturação do comportamento, respondendo a perguntas de *quando*, *como* e *onde* vou agir / responder / internalizar meu comportamento. Ou seja, meu comportamento é um produto destes dois componentes: o elemento emocional é o aspecto estimulante e o elemento intelectual (cognitivo) é o que constrói a estrutura do comportamento.

Nosso pressuposto básico de que seres humanos são criaturas modificáveis se relaciona à maioria de seus traços, incluindo os que são, muitas vezes ou geralmente, considerados patológicos (disfuncionais, rígidos e assim por diante) e herdados de alguma forma. Reforçamos que esses elementos também são propensos à modificabilidade. Esta suposição, que não é aceita por todos que lidam com o comportamento humano, traz uma mensagem muito otimista, porém, ao mesmo tempo, coloca uma grande responsabilidade sobre as pessoas e seu ambiente. Nós, como seres humanos, somos capazes de alterar a nós mesmos e ao nosso destino, e a responsabilidade disso é nossa e do ambiente em que estamos. Isso inclui todas as pessoas importantes da vida do indivíduo, como pais, professores, cuidadores, profissionais de apoio e tomadores de decisões institucionais, que criam as condições de nossa modificabilidade.

Aonde vamos com isso e como materializamos nossas responsabilidades é o assunto deste livro. Devemos considerar uma perspectiva teórica que apoia nossa abordagem, e, em seguida, descreveremos os usos e resultados produzidos ao assumirmos a tendência à modificabilidade e ao focarmos no desenvolvimento de habilidades e estratégias de pensamento para estimular a cognição. Nesse sentido, este livro é teórico e prático. Na realidade, é nossa posição fundamental, necessária para a teoria e prática. A forma como desenvolvemos conceitos guia nossa prática, e o que fazemos (nossas práticas) contribui para a formação de nossa teoria.

# 2

# O ser humano é modificável!

No primeiro capítulo, descrevemos a importância da qualidade da inteligência, que influencia a forma como uma pessoa funciona e a fonte emocional-motivacional do funcionamento. Neste capítulo, tratamos da segunda pergunta: Estes dois componentes da inteligência, o intelecto e a emoção, são modificáveis?

Para começar a responder, partimos de uma perspectiva não usual, a de uma expressão de *fé*, embora, pela perspectiva da *ciência*, a tendência seja alienar-se completamente de um termo tão "não científico". Mas o ponto que desejamos enfatizar é que, no início, deve haver uma necessidade, que gerará a crença na modificabilidade humana. É preciso haver a necessidade para que meus alunos e aqueles com os quais estou engajado alcancem potenciais mais altos de funcionamento. Esta necessidade me estimula para agir e motiva minha fé (crença) de que existem alternativas positivas, eficientes e significativas a serem encontradas, pelas quais lutar, para que esta fé se torne realidade.

Aqui introduzimos o conceito de um sistema de crenças e seu lugar crítico no desenvolvimento e realização da teoria de Modificabilidade Cognitiva Estrutural (MCE). Eu devo acreditar que o estudante é um ser modificável, capaz de mudar, de acordo com sua vontade e decisões. A modificabilidade dos seres humanos os diferencia de outras criaturas, e, de acordo com *Rabbinic Midrash*, "até mesmo dos anjos". Aqui mora a grande singularidade dos seres humanos.

Ao falar em *mudança*, não nos referimos à aquisição de 20 palavras em determinado idioma, nem mesmo ao desenvolvimento de uma habilidade complexa como pilotar um avião, apesar de que para determinados indivíduos estas podem ser *aquisições significativas*. Tratamos de mudanças na estrutura do pensamento; por exemplo, criar as condições necessárias para o indivíduo adquirir novas palavras, para criar o processo de pensar em novas coisas, que previamente não entravam em sua mente. Assumimos que a pessoa é capaz de adquirir por si mesma não apenas quantidades de conhecimento ou habilidades, mas também novas estruturas cognitivas, que abrem novas áreas, previamente não incluídas no conjunto de conhecimentos e habilidades.

Quando falamos da modificabilidade do indivíduo, assumimos que esta habilidade permite a aquisição de habilidades adicionais que não estavam previamente presentes ou acessíveis. Não nos referimos a habilidades que resultam de idade de desenvolvimento, maturidade mental ou resposta à experiência de desenvolvimento. Estas experiências de aprendizagem relativamente diretas permitem que alunos usem sua experiência acumulada para repetir ações bem-sucedidas e evitar erros. Diferenciamos estes tipos de mudanças, que dão um aspecto diferente à experiência e permitem a compreensão das experiências, a partir de mudanças que levam o indivíduo a interagir com o mundo de forma diferente. Este tipo de mudança substancial requer um conjunto de estratégias de pensamento e perspectivas sobre a forma como está acontecendo – como atender ao estímulo, como operar (manipular, sequenciar, comparar, e assim por diante). Discutiremos esta conceituação mais detalhadamente em momento oportuno.

Nossa visão otimista do potencial humano de modificabilidade gera muita surpresa, que as pessoas direcionam não apenas a nós (por desenvolvermos este ponto de vista), mas também a si mesmas. Observamos uma ambiguidade curiosa de sentimentos com relação ao potencial de modificabilidade. Aceitar que é capaz de mudar envolve riscos – a mudança pode não ser bem-sucedida ou não, e o indivíduo não está familiarizado com o novo ser modificado. Portanto, entra-se no desconhecido. Existe um medo muito real de se afastar de si mesmo – um perigo existencial. A Experiência de Aprendizagem Mediada (EAM) tem consciência disto e trata específica e sistematicamente desta resistência, além de trabalhar ativamente para vencê-la. Tratamos destas questões ao longo do livro (principalmente nos capítulos 6 e 7), com uma referência especial às novas variáveis advindas do conhecimento da neurociência no capítulo 14.

A habilidade única de um estudante ou adulto se modificar é uma opção. Enfatizamos a palavra *opção* porque nos lembra de que nem todos alcançam esta habilidade. Trata-se de uma possibilidade, que requer um investimento de esforço e recursos. Mas a opção existe para todos os indivíduos, quem quer que sejam, mesmo quando há barreiras ou obstáculos no caminho.

## Barreiras no caminho para a realização da capacidade de modificação

Três barreiras podem surgir no caminho da realização da modificabilidade dos estudantes: a barreira etiológica (a causa das condições de déficit ou disfunção), a barreira de idade de início (a idade na qual a barreira foi identificada e a intervenção iniciada) e a barreira produzida pela gravidade da condição da pessoa. Mas estas barreiras podem ser vencidas, conforme descrito abaixo. Para reconhecer a importância de vencê-las pelo processo de modificabilidade, é necessário entendê-las, e considerar seu impacto nas atividades que suportem a modificabilidade.

## A barreira etiológica

O termo etiologia se refere a uma grande diversidade de causas. Algumas destas causas são orgânicas e se originam na estrutura biológica dos seres humanos. São consideradas responsáveis por condições disfuncionais (incluindo muitas de natureza cognitiva). Outras causas são de formação, que ocorrem em processos biológicos / de amadurecimento, outras ainda podem ser condições adquiridas. Por exemplo, danos causados por um derrame ou resultantes da falta de oxigenação no parto são condições adquiridas; já diversas desordens cromossômicas, que dão origem a síndromes ou alterações genéticas, como Síndrome de Down ou do X Frágil, são de formação. Histórica e atualmente, considera-se que tais condições prejudiquem a opção de modificabilidade do ser humano. Assumia-se que eram barreiras invencíveis, porque considerava-se, por exemplo, impossível alterar os cromossomos de uma pessoa ou melhorar a falta de oxigênio que ocorreu no parto. No passado, assumia-se que o dano cerebral era irreparável, porque o cérebro não era capaz de renovar o sistema nervoso. Hoje, temos crescente e forte evidência de "novas ciências do cérebro", que discordam desta suposição, conforme descrevemos no último capítulo deste livro. Essencialmente, a evidência de *neuroplasticidade* defende o potencial de vencer estas barreiras etiológicas.

De acordo com nossa teoria de Modificabilidade Cognitiva Estrutural (MCE), assumimos que, apesar de poderem existir barreiras etiológicas, elas podem ser vencidas pela aplicação da Experiência de Aprendizagem Mediada (EAM).

Um jornalista da publicação francesa *Le Monde* conheceu nosso trabalho com crianças com Síndrome de Down, que conseguimos levar a níveis mais altos de funcionamento. Respondendo à EAM e à exposição a intervenções de modificabilidade cognitiva, muitos destes jovens foram capazes de completar sua educação e se tornaram artistas, poetas e assim por diante. Este jornalista escreveu que, para nós, "os cromossomos não têm a palavra final". É nossa crença e experiência que um ser humano com necessidade, fé, intenção e ferramentas adequadas pode alcançar uma forma de transpassar as barreiras da etiologia e perceber que a modificabilidade é a opção.

Barreiras etiológicas podem também ser ambientais e emocionais, resultado da privação cultural ou de diferenças culturais que podem resultar em privação na primeira infância, falhas educacionais e similares. Muitos pensam que os fatores externos (exógenos) determinam a falta de potencial de modificabilidade. Nós sabemos que não é assim!

## A *barreira da idade*

É feita menção frequente à *idade crítica*, que ergue uma barreira para a pessoa. Na psicologia, o conceito do *período crítico* é bem conhecido e aceito. Esta visão afirma que se uma pessoa não alcançou determinadas funções, como, por exemplo, o desenvolvimento de linguagem, leitura ou funções de pensamento avançado, até determinada idade, a habilidade necessária para se adaptar e os comportamentos que permitirão o seu funcionamento têm poucas chances de ser modificados.

Derivada de um conceito *organísmico*, uma hipótese defende que a inteligência é produto de estruturas orgânicas no cérebro, uma questão de fisiologia. A partir desta perspectiva, assume-se que o cérebro alcança o cume de sua maturação em determinada idade, e que, após um período de estabilidade, a fase seguinte é um processo de declínio de habilidade. Portanto, a opção que o ser humano tem de se desenvolver é limitada pelo tempo, caso não aconteça, "caso o tempo passe", não haverá mais possibilidade de mudança, independentemente do nível de intervenção oferecido para o indivíduo. Há, então, uma aceitação natural do declínio de habilidades, ou do potencial limitado de mudanças nas funções após a passagem do período crítico. Aqui também a existência da neuroplasticidade apoia o potencial de realizar mudanças funcionais, vencendo limitações possivelmente impostas pelo término do período crítico de desenvolvimento.

No passado, esta perspectiva era (e em muitos lugares ainda é) largamente aceita e levou a uma concentração de esforços para o desenvolvimento dos indivíduos ainda bem jovens. Programas voltados para adolescentes ou jovens adultos eram reduzidos ou eliminados, para alocar mais recursos para as crianças que presumidamente se beneficiariam mais. (Alguns consideravam ser "tarde demais" e outros, desperdício de dinheiro.)

Tal investimento em crianças é bem-vindo e necessário! Porém, havia uma percepção errônea da necessidade e efeitos deste investimento, visto como uma forma de imunização. Em outras palavras, alguns acreditavam que, investindo em crianças, elas seriam imunizadas contra as dificuldades da vida, e poderíamos relaxar (isto é, parar de realizar) nossos esforços de intervenção em estágios futuros. No entanto, os resultados de longo prazo nem sempre supriam as expectativas; o investimento inicial era suspenso (de forma prematura em nossa opinião) e não produzia a imunização esperada, especialmente ao negligenciar as intervenções para crianças mais velhas. Nos Estados Unidos, isso levou à redução de programas como o *Head Start* para crianças pequenas, porque os resultados de longo prazo eram considerados desapontadores. As crianças do *Head Start* não mantinham (de acordo com alguns padrões) seus avanços após o término do programa, sem o suporte contínuo no seu aprendizado ou desenvolvimento, é claro.

## *Como desafiar o conceito de "período crítico"*

Considera-se que o período crítico para aprender a falar vai até aproximadamente os 7 anos de idade. Porém, tivemos experiências diretas que desafiam esta conclusão: Alex, um jovem que descrevemos extensivamente em outras publicações, não aprendeu a falar até os 9 anos, após extenso procedimento cirúrgico que removeu todo o hemisfério esquerdo do cérebro. Incidentalmente, após aprender a falar, ele adquiriu uma grande variedade de funções cognitivas e acadêmicas baseadas na linguagem – contra as expectativas e previsões dos neurologistas, e após diversos anos de tentativas convencionais, sem sucesso, para ensiná-lo a ler e escrever.

Acreditamos (novamente usamos, não por acaso, o verbo "acreditar") que seres humanos são modificáveis durante todo o curso de suas vidas e podem criar mudanças maravilhosas até mesmo em idades avançadas. Esta habilidade foi examinada e serviu como base para diferentes estudos, que rejeitaram o conceito de que a modificabilidade do indivíduo se encerra em determinada idade. O tempo do desenvolvimento cognitivo não acompanha o tempo do desenvolvimento do esqueleto e ossos. Estudos recentes seguindo uma versão modificada do Programa de Enriquecimento Instrumental de Feuerstein (PEI), que desenvolvemos para melhorar a habilidade de aprendizagem das pessoas (nominalmente, para produzir alteração cognitiva), têm provado que o indivíduo pode, de fato, mudar mesmo quando é idoso. Alex continuou mudando e se desenvolvendo, adquirindo não apenas linguagem, mas também outras funções cognitivas avançadas muito após a cirurgia e em resposta a intervenções intensas e sistemáticas. Novamente, encontramos, nas novas neurociências, *insights* revolucionários que apoiam esta modificabilidade.

Podemos continuar desenvolvendo em nós mesmos qualidades, formas de pensamento e habilidades de que não dispomos nos estágios iniciais de nossas vidas, mesmo em idade avançada. Um subproduto importante desta mudança está na dimensão emocional-motivacional. Pessoas que vivem estas mudanças se sentem mais otimistas, poderosas, engajadas e prontas para ampliarem suas funções cognitivas.

## A gravidade da condição como barreira

Existem deficiências múltiplas severas – físicas, sensoriais e mentais – que levam a capacidade de modificabilidade a ser questionada. Devemos admitir que, por sermos otimistas por natureza e baseados em nossas perspectivas teóricas, também acreditamos que existem casos em que uma chance real de mudança significativa pode não ser possível. Porém, nossa experiência trabalhando com populações com deficiências provou que até mesmo a barreira da gravidade não é invencível.

O caso de Y. é um bom exemplo da modificabilidade do ser humano, apesar da gravidade de sua condição:

> Y. veio a mim com uma disfunção muito severa. Ela tinha feição "de pássaro", com olhos saltados, um nariz longo, e tendência de torcer o rosto para os lados para focar visualmente.

Ela não falava nem produzia sons, a não ser por um grito agudo, que não parecia estar relacionado a nenhuma experiência ou estímulo externo ao qual havia sido exposta. Era impossível ensiná-la a colocar a língua para fora. Ela sofria de apraxia – uma disfunção marcada pela inabilidade de realizar determinados movimentos físicos, como a imitação – e de abulia, incapacidade de iniciar ações por si mesma. Ou seja, ela precisava receber estímulo de uma fonte externa para realizar uma ação. Por exemplo, para levantar um copo, alguém precisava pegar sua mão e fazê-la agir. Sem isso, ela pararia a ação no meio.

Quando comecei o exame, parecia que nada poderia ser feito. Eu desisti. Não acreditava que algo pudesse ser alterado. Mas a mãe, que estava muito infeliz, não desistiu. Ela tinha uma grande necessidade: "Vim até você porque achei que poderia ajudar. Você ajudou a tantos outros. Não consigo aceitar que minha criança será ignorante! Se não pode fazer, me ensine que eu faço!"

Ela veio até mim ano após ano, diversas vezes para receber instruções de como trabalhar com a filha. Após três anos e meio, ela trouxe a filha e disse: "Ela está lendo!" Encarei as palavras da mãe com ceticismo e pensei comigo mesmo: "Outro sonho de uma mãe que deseja muito, um pensamento desejoso". Mas a mãe trouxe um quadro com letras e a menina as organizou, com uma mão, em palavras, frases e assim por diante. Embora eu tivesse ensinado a mãe como trabalhar com Y., não conseguia acreditar! Tive que admitir que, para mim, foi um tapa na cara. Eu me perguntava o que teria acontecido se eu tivesse acreditado que era possível alterar a condição da menina e tivesse trabalhado diretamente com ela. Então, começamos a trabalhar. Sentamos com Y. ao lado de um computador e ela alcançou níveis incríveis de escrita.

Ela escreveu uma biografia maravilhosa, e vimos que entendia tudo que era dito ao seu redor, todas as palavras de desesperança. Quando perguntei por que a mãe segurava sua mão enquanto digitava, ela respondeu: "Honrado e respeitado professor..." – senti a sua ironia – "se você tivesse sido como eu, e se tivessem dito a você que era incapaz de qualquer coisa, e apenas sua mãe acreditasse em você e a levasse a fazer coisas como minha mãe fez, você também não abriria mão dela, Sr. Professor".

## A importância de gerar um sistema de crenças baseado em necessidades

O caso de Y. nos traz de volta à questão de ter uma necessidade e compromisso firmados em uma *crença* e esclarece por que usamos o termo crença. Mesmo quando tenho evidência empírica e teórica suficiente com relação à modificabilidade de um ser humano – por exemplo, a crença da mãe, que veio de um envolvimento emocional, de um senso de responsabilidade por sua filha, e da necessidade e forte desejo de vê-la alcançar qualidade de vida –, esta crença é o que dá origem à força para buscar os meios de alcançar resultados, como esta mãe alcançou. Isso significa que não podemos nos contentar com suposições teóricas sobre modificabilidade, porque também é preciso que haja uma necessidade – envolvimento e compromisso de ajudar o estudante a alcançar uma melhor qualidade de vida. Apenas então será possível vencer as barreiras e, de fato, realizar a opção de mudança e torná-la realidade.

# 3

## Alterando a estrutura da aprendizagem e do comportamento

Em capítulos anteriores, lidamos com a cognição, definida como o fator central na formação do comportamento humano, e nos referimos à natureza estrutural das mudanças que podem ocorrer neste elemento. Neste capítulo, descrevemos o que significa a natureza estrutural da mudança e identificamos as características que fazem com que seja estrutural. *A mudança estrutural afetará a aprendizagem e o comportamento de forma profunda, sustentável e autoperpetuável.*

A primeira qualidade é descrita da seguinte forma: *Toda mudança que acontece em uma parte altera o todo ao qual pertence.* Ou seja, se eu pedir que uma criança não apenas responda à pergunta que eu faço, mas também me dê dois motivos razoáveis para a resposta, eu chamo atenção para a tarefa. A tarefa é alterada para que a criança precise ir além da resposta simples (solução para o problema) e busque uma explicação, encontrando, assim, um significado mais profundo. E se houver uma mudança estrutural, ela não ficará restrita ao acontecimento inicial, mas se manifestará em diversos outros, que apresentem elementos similares ou projeções.

## A natureza da mudança estrutural

Piaget descreveu processos cognitivos nos quais novos esquemas cognitivos (organizações internas de informação e significado) são assimilados e permanecem estáveis, mesmo quando aplicados a novas situações. Os esquemas têm a capacidade de expandir para se adaptarem a situações adicionais em processos duplos de assimilação (recepção) e acomodação (adaptação para situações novas ou diferentes).

Ou seja, se a pessoa aprende um princípio e ocorre uma mudança estrutural, também será possível aplicá-lo a diversas situações em que aparece o mesmo princípio. Apesar das novas situações serem diferentes umas das outras com relação à forma, tamanho, importância e assim por diante, a resposta obedecerá à semelhança do princípio que a orienta.

A mudança estrutural é caracterizada por sua tendência a continuar ocorrendo mesmo após o fator inicial que a causou não ser mais diretamente experienciado – uma qualidade que determinamos de *distância cognitiva*. Quando seres humanos mudam estruturalmente, uma nova configuração é criada para permitir que continuem mudando de modo imprevisível. Uma das principais suposições da teoria de Modificabilidade Cognitiva Estrutural (MCE) é expressa na qualidade de criação de mudança estrutural, de acordo com a qual o ser humano é tanto adaptável quando imprevisível. Quando a mudança pode continuar, para além do que foi no princípio, a capacidade de mudar estruturalmente o transforma em uma entidade sobre a qual não é possível prever nem a maneira como continuará existindo nem a direção de seu desenvolvimento. Esta é a qualidade da adaptabilidade e da autoperpetuação.

## Dimensões da mudança estrutural

As mudanças estruturais não são idênticas em magnitude ou qualidade, e variam de um aprendiz para outro ou de uma situação para outra. Devem ser observadas, avaliadas e manipuladas de forma inovadora. Podem ser descritas de acordo com quatro parâmetros:

- *Permanência*: até que ponto a mudança é preservada com o tempo.

- *Resistência*: quão resistente é a mudança a condições e alterações ambientais.

- *Flexibilidade / adaptabilidade*: até que ponto ela é incluída, além da situação inicial, em outras áreas de aprendizado de respostas e fatos.

- *Generalização / transformação*: até que ponto o indivíduo continua sendo modificado e cria novas mudanças estruturais por meio de esforços independentes.

Estas dimensões de mudança estrutural são extremamente importantes. Derivamos os objetivos de nosso trabalho e as ferramentas específicas de intervenção para alcançá-las. Descreveremos cada um dos parâmetros mais detalhadamente abaixo.

## Permanência, ou preservação da mudança

Esta dimensão da mudança estrutural descreve a habilidade do aprendiz de reter ou preservar o que foi aprendido. Em outras palavras, se ocorreu uma mudança estrutural, o aprendiz será capaz de resolver o problema usando as estratégias e operações adquiridas mesmo muito tempo depois. Por outro lado, se a mudança não foi estrutural, cada problema será visto como uma nova experiência. O aprendiz retorna ao esquema de pensamento anterior, repete erros, e precisa ser ensinado (mediado) novamente. Um excelente exemplo desta qualidade da mudança está nos indivíduos que foram mediados com o *Complex Figure Drawing* (desenho da figura complexa – da Avaliação Dinâmica da Propensão à Aprendizagem). Foi pedido que relembrassem a figura após considerável espaço de tempo. Se a aprendizagem foi estruturalmente integrada, o desenho é relembrado com alto grau de precisão muitos meses após o aprendizado, até mesmo em situações em que o aprendiz precisou vencer significativos déficits motores ou cognitivos e precisou de intensa mediação – talvez por causa da EAM aplicada!

## Resistência à mudança

Esta variável se relaciona às perguntas: o aprendiz preservará o que foi aprendido mesmo se mudarmos os dados do problema e aumentarmos sua complexidade? O princípio adquirido é à prova de choques? O que é aprendido é capaz de resistir aos elementos alterados da nova situação, permitindo a utilização do que foi aprendido apesar das diferenças encontradas? Estes novos elementos têm o potencial de distrair ou confundir o aprendiz se não houver estrutura cognitiva suficiente. A aprendizagem estrutural é o elemento constante. Por exemplo, vamos assumir que o aprendiz adquiriu o princípio pelo qual $3 + 2 = 5$, mas fica perdido quando a ordem dos dados é alterada ($2 + 3 = ?$), ou a modalidade do problema é alterada de numérico para verbal

(três maçãs e duas laranjas é igual a quantas frutas?).
Nestas situações, o que foi aprendido resiste à mudança das condições.

## Flexibilidade da mudança

Este parâmetro é oposto à resistência, em que o aprendiz aplica o comportamento adquirido em condições que diferem daquela que foi inicialmente observada. Esta é a qualidade de *adaptabilidade*. Aqui nos referimos à plasticidade da mudança, quando o aprendiz deve responder a tarefas e condições que não mais permitem ou requerem a aplicação do comportamento aprendido com a mesma frequência, propósito ou objetivo. Se o mesmo comportamento, que foi bem-sucedido em uma situação de solução de problema anterior, é aplicado novamente e não é adaptado à nova situação, a inflexibilidade manifestada sugere que as mudanças cognitivas estão estruturadas de forma insuficiente. Assim, estruturas cognitivas não são simplesmente modelos internalizados de uma resposta a ser utilizada sempre da mesma forma, mas há uma qualidade de adaptação embutida nelas.

Como exemplo desta dimensão, considere a criança que aprendeu a somar com sucesso e consegue ativar a mudança estrutural que aconteceu com flexibilidade. Ela conseguirá entender mais facilmente o princípio da subtração, e talvez possa até mesmo desenvolver isto sozinha, aplicando o conceito também a operações de multiplicação e divisão. Se a mudança foi integrada na estrutura cognitiva nas áreas estruturais de flexibilidade e generalização (veja abaixo), o desenvolvimento não parará no ponto em que deixamos o aprendiz, mas irá se perpetuar sozinho.

## Generalização da mudança

Este é o mais alto nível de mudança estrutural e se relaciona às seguintes perguntas: O aprendiz conseguirá criar alterações estruturais por si mesmo? Foi criada no aprendiz uma orientação com relação ao pensamento abstrato – ou seja, ele consegue extrair da solução de um problema concreto o princípio ou a regra para aplicá-la a novos problemas em outros campos de aplicação? O aprendiz faz isso de forma articulada e espontânea?

Por exemplo, digamos que aprendi 10 palavras em inglês. Se a mudança não foi apenas quantitativa (ou seja, 10 palavras foram adicionadas ao meu vocabulário), mas também aprendi a entender as palavras no contexto de uma frase completa, uma mudança estrutural aconteceu em mim, mudando toda a minha abordagem ao idioma e determinando a forma como continuo a aprendê-lo. Além disto, irá me direcionar a buscar e prestar atenção ao estímulo ao qual fui exposto, trazendo *insights* cognitivos novos e inovadores, aprofundando meu entendimento e expandindo minha perspectiva. Às vezes, nos referimos a esta qualidade como uma *transformação*, segundo a qual estímulo e experiências são alterados, conforme as generalizações que formulamos.

A generalização tem um aspecto potencialmente indesejável, a supergeneralização. Por exemplo, se meu avô tem barba, todo homem que vejo com barba pode ser percebido por mim como um avô. Posso fazer a associação incorreta de que "todos os avôs têm barba". Portanto, queremos controlar a generalização, para desenvolver relacionamentos flexíveis e precisos, para que o aprendiz possa identificar características relevantes e diferenciar as que são distintas, para compará-las.

## Diferenciando a natureza da mudança

As mudanças que acontecem nem sempre são positivas. Também podem haver mudanças ruins. Nem sempre é possível prever a mudança, ou sua direção, com antecedência. Às vezes, estudantes caem em seu nível de funcionamento e perdem habilidades que haviam alcançado. Como os seres humanos são responsáveis por seus destinos, os alunos sempre devem estar com a guarda levantada, já que o bom funcionamento de ontem não garante que o mesmo acontecerá amanhã. Mas esta moeda tem dois lados: Alunos também podem ser encorajados, pois o mau funcionamento de ontem não exclui as chances de alcançar uma realização maior amanhã. É a expectativa da mudança positiva, e o desejo (do mediador) de buscar a mudança que mantém o engajamento positivo e otimista, estimulando e encorajando a mudança, mesmo diante de regressões ou ausência de mudança.

Portanto, parece que o sistema cognitivo do ser humano não apenas é modificável, mas também sujeito a mudanças estruturais, ou seja, uma mudança profunda e duradoura, assim como dinâmica e passível de desenvolvimento para além do que foi previamente vivenciado e aprendido.

Este conceito está em considerável contradição com o que atualmente é afirmado por muitos nas ciências do comportamento, que defendem que a inteligência é considerada uma entidade *fixa*, um traço do indivíduo, como um objeto em grande parte imodificável. Usamos o termo objeto (*res* em latim) porque a conceitualização da inteligência como objeto é o que a transforma em algo que pode ser medido, como se fosse um estado fixo, com propriedades fixas ou estáticas. Se for um objeto, pode ser medido e tem uma *quantidade* estável, que pode ser mensurada.

## Redefinindo a natureza da inteligência

No livro surpreendentemente popular *A curva do sino* (esteve na lista de *best-seller* por muitas semanas apesar de seu conteúdo altamente técnico), Herrnstein e Murray (1994) argumentaram que a inteligência é um objeto que existe nos seres humanos em determinada quantidade, com certa qualidade, e é impossível alterá-la além de um pequeno grau (no máximo 10 a 15%). Eles deram continuidade à posição de Arthur Jensen, da década de 1960, e outros antes dele. Este ponto de vista, expresso em locais acadêmicos e populares, apresenta diversas estimativas com relação ao grau de mudança possível, mas estas pequenas mudanças não contradizem a concepção básica de que a inteligência está situada na esfera do sistema biológico orgânico do ser humano, e, portanto, não pode ser modificada. Novamente, as novas neurociências negam esta posição, como elaboraremos no capítulo 14.

Reforçamos que não há fator que determine a capacidade de um indivíduo, como o QI, e que, portanto, é importante ter uma definição funcional de inteligência que reflita o potencial de adaptação. O QI do indivíduo pode determinar que tipo de ocupação é adequada, o salário que ele recebe, o nível e tipo de educação que está acessível e o tipo de sociedade na qual o indivíduo viverá.

Definimos inteligência de uma forma completamente diferente – como uma *força* que direciona o organismo para modificar a si mesmo e a estrutura de pensamento, para responder às necessidades que aparecem diante dele e mudar diante de seus olhos. Portanto, nossa definição de inteligência não é um objeto ou uma *característica* estável dos seres humanos, mas um agente ou *estado* dinâmico, que é instável e responde à necessidade da pessoa de se modificar para se adaptar a situações e lidar com elas com sucesso.

Não podemos prever (no sentido de predeterminar) a existência desta força dinâmica. Um ser humano pode mudar em todas as direções e nunca saberemos precisamente até que ponto os limites da sua habilidade e potencial foram alcançados. Consequentemente, estas forças podem crescer e ganhar reforços ou diminuir e encolher. O seu destino depende de diversos fatores externos e internos, mas responde a estes fatores.

Conceituar a inteligência como energia representa uma mudança dramática, cujo significado ficará claro ao discutirmos a questão: Como modificamos a inteligência? Mas, neste momento de nossa discussão, reforçamos que não lidamos com um objeto de medidas ou características físicas que não podem ser mudadas, mas com uma energia que, como tal, é altamente modificável.

## A *medida da inteligência*

O conceito de medida precisa ser esclarecido. Por gerações, a inteligência tem sido medida e quantificada. Não há nada essencialmente ruim nisto, desde que fique claro que os resultados das medições não são estáticos. Resultados obtidos hoje podem ser totalmente diferentes daqui a um ano. Binet e Simon (1905), dois pesquisadores franceses pioneiros que contribuíram muito com a medição da inteligência, queriam ajudar a classificar as crianças na França, para alocá-las em estruturas de educação regular e especial. Para isso, eles inventaram um teste cujo objetivo era definir as habilidades das crianças (o Teste de Binet-Simon). No entanto, eles acreditavam que as habilidades eram modificáveis e, portanto, não consideravam os resultados de seu teste como palavra final. Por outro lado, os que vieram após Binet e Simon, como os americanos Goddart e Terman, buscaram transformar a psicologia em uma ciência exata e, infelizmente, alteraram os princípios que Binet e Simon haviam estabelecido. Consideravam, então, que a inteligência possuía uma natureza final e irreversível nos aspectos estruturais e quantitativos, transformando a inteligência em um fator que não pode ser alterado. Em seu ardor para medir a inteligência de forma científica, enrijeceram-na por completo. Portanto, paradoxalmente, estamos muito mais próximos de Binet e Simon quando enfatizamos a qualidade dinâmica da inteligência, nos referindo a ela, como descrevemos antes, como uma energia e não um objeto. Deste ponto de vista alternativo, a inteligência e seus processos cognitivos relacionados não são uma característica fixa e imutável.

## Como alcançar mudanças estruturais

As perguntais mais difíceis, que requerem discussões extensivas, são:

- *O que* torna um aluno ou qualquer ser humano possuidor de uma capacidade de mudança tão poderosa como defendemos?

- *Onde* reside a singularidade do ser humano e como ela afeta a capacidade de mudança?

- *De que forma* o ser humano é diferente de outras criaturas, em que a capacidade de mudança é relacionada a essa singularidade?

- *Por que* animais passam por mudanças evolucionárias tão mínimas quando comparadas com as que ocorrem nos seres humanos?

- As diferenças derivam de características biológicas ou de causas e variáveis adicionais?

## A ontologia tripla do desenvolvimento

Podemos começar a considerar estas perguntas examinando o curso geral do desenvolvimento humano. Adaptamos os conceitos do pensador francês Rom Harre, que propôs duas grandes fontes de desenvolvimento (uma dupla ontologia), a *biológica* e a *social* (HARRE & VAN LANGEN ROVE, 1991). Do ponto de vista biológico, o ser humano em desenvolvimento é um tipo de comunidade de células que se uniram e funcionam juntas de forma muito organizada, planejada e coordenada. Esta é a individualidade biogenética do sujeito, que funciona em interação com o ambiente, leva dele o que requer para sua existência e pronto. Também há a ontologia sociocultural, de acordo com a qual os seres humanos são a criação da sociedade e resultado da interação com o ambiente social, com sistemas culturais e meios que somente a sociedade pode criar.

A ontologia sociocultural nos fornece uma resposta mais observável quanto às fontes que fazem com que o ser humano seja uma criatura modificável. Reforçamos que o ser humano é a única criatura em nosso mundo que, por mediadores humanos, conecta-se especialmente com o mundo. Essas pessoas vitais transmitem costumes sociais e tesouros culturais, acumulados ao longo de milhares de anos, geração após geração. Estes enriquecem os seres humanos não apenas com o conhecimento, mas com estruturas de pensamento. Esta interação única entre seres humanos acontece naturalmente ao longo do desenvolvimento, mas não acontece sempre (p. ex., quando o desenvolvimento humano é sujeito a perturbações, como no Holocausto).

Assim, chegamos à terceira ontologia, uma contribuição necessária ao desenvolvimento por meio da Experiência de Aprendizagem Mediada (EAM). Passamos a considerar a EAM como aspecto essencial do desenvolvimento biológico e sociocultural, principalmente porque pode não ocorrer o bastante em situações de exposição direta a estímulos e experiências no mundo – o biológico e o sociocultural. Ela é necessária para somar à experiência direta e materializar o desenvolvimento humano. Seres humanos que não recebem EAM suficiente em seu desenvolvimento são privados de aspectos essenciais da experiência do desenvolvimento. A EAM é usada entre gerações, de pais para filhos, avós para netos, e dentro do sistema familiar (entre irmãos) para enriquecer e intensificar a experiência sociocultural. É usada de forma voluntária, consciente, recíproca e direcionada ao objetivo. Argumentamos que esta ontogenia é especialmente importante quando os indivíduos precisam de mais exposição e foco do que está disponível para eles em suas experiências de vida.

## O que nos torna modificáveis?

Quando perguntamos o que torna o homem um ser modificável, agora temos uma resposta – a modificabilidade é transmitida para o ser humano pela mediação, quando o mundo cria ferramentas e oferece as condições prévias necessárias para a mudança. Deste ponto de vista, o ser humano é uma criatura única. Apesar de haver indicadores de mediação também no mundo animal, eles não permitem que animais transmitam suas experiências aos descendentes. Animais têm habilidades limitadas para transmitir sua experiência, porque lhes faltam ferramentas. Você já viu prova da existência de um animal que viveu no passado, além de objetos físicos? Achamos traços de dinossauros, por exemplo, e seus ossos, mas isso nos diz como foram extintos? Os seres humanos são os únicos que transmitem cultura e, com isso, não nos referimos apenas à transmissão de informação, mas à formulação de experiências, para que gerações futuras possam derivar delas os meios para se adaptar a mudanças.

O que faz um ser humano, em contraste a todas as outras criaturas, estar preparado e até mesmo desejar mediar para a próxima geração? Argumentamos que, nos seres humanos, existe a necessidade de mediar, criada como resultado da consciência da morte – o senso da existência finita. Como única criatura consciente das limitações de sua vida biológica, os seres humanos tentam continuar sua existência, indo além de suas limitações físicas e transmitindo sua cultura, suas aspirações espirituais e sua experiência para as gerações que virão.

É a necessidade da mediação e sua qualidade, expressa por meio da Experiência de Aprendizagem Mediada (EAM), que nos ocupará no restante deste volume. Veremos como é conceituada e, então, aplicada de formas distintas e sistemáticas para modificar o funcionamento do aprendiz – muitas vezes, em face de obstáculos significativos.

# 4

# Modificando a inteligência

Até o momento, levantamos três questões básicas. A primeira diz respeito à importância da inteligência, que representa os aspectos cognitivos do nosso comportamento. A segunda questão lida com a possibilidade de modificar a inteligência. Finalmente, a terceira questão aborda as melhores formas de se produzir a modificação desejada.

A primeira questão foi respondida, esperamos que de forma convincente, afirmando que a inteligência é tão importante que desejamos intervir para modificá-la, e explicamos sua importância por ser a força e a energia que existe em nós, para que possamos mudar e nos adaptar a novas situações.

Agora, tratamos da segunda questão e reafirmamos que a inteligência é modificável. De fato, há evidência crescente de que a inteligência (além de outros estados humanos e estruturas neurofisiológicas no cérebro) é claramente modificável, apesar da longa e bem articulada história, que a considerava inata, sujeita a importantes componentes hereditários. Para reiterar nossos argumentos anteriores, não rejeitamos os componentes hereditários, mas não consideramos que eles têm a palavra final.

Ficamos animados, porque as percepções com relação à natureza dos fatores biológicos e contribuições mudaram. Biólogos e neurologistas apresentaram dados incríveis com relação à plasticidade do sistema nervoso. Todo dia, são apresentadas novas pesquisas mostrando a flexibilidade e adaptabilidade da estrutura neural. Parece que até a percepção dos elementos cromossômicos, que eram considerados a fortaleza da hereditariedade, está mudando significativamente, e que ocorrem interações entre eles que podem ser muito significativas para os processos de modificação.

Agora, avançamos para a posição em que a interação sociocultural é capaz de causar uma modificação estrutural significativa no ser humano por meio da Experiência de Aprendizagem Mediada (EAM), mesmo quando a base é biológico-genética e cromossômica. Em outras palavras, não falamos somente de uma mudança quantitativa, ou adições comportamentais, mas uma modificação da estrutura responsável pelo funcionamento dos seres humanos.

## Ainda assim a resistência permanece!

No entanto, não podemos ignorar a resistência a este ponto de vista. Por exemplo, Reuven Feuerstein apresentou para um grupo de cientistas comportamentalistas os resultados de um projeto que conduzimos com uma população de crianças com baixo funcionamento. Para sua alegria, diversas pessoas tinham familiaridade com nosso projeto, haviam visto as crianças e suas realizações, e apoiavam suas descobertas. Porém, um dos ouvintes se levantou e argumentou: "Ou a condição inicial destas crianças não era tão ruim quanto você descreve, ou o estado atual não é tão bom", ou seja, ele rejeitou a possibilidade de modificação e aceita a suposição básica de que o ser humano não é modificável. Em grande parte, esta suposição atrapalha o uso da educação como instrumento de intervenção em prol da modificação. Infelizmente, há psicólogos que argumentam que a educação ajuda quem tem ferramentas hereditárias e genéticas que os permitem usar os meios fornecidos pela educação, mas é de pouca ajuda para os que não têm as habilidades intrínsecas necessárias para produzir aprendizagem significativa.

Esta visão encontra expressão de muitas formas (mencionamos a *Curva do Sino* e o que a precedeu no capítulo anterior). A posição básica desta linha de pensamento é que, se uma população não tem as condições hereditárias apropriadas (como foi presumido em determinados grupos raciais e étnicos), seus membros não serão receptíveis à modificabilidade. Muitas publicações respeitadas defendem, por exemplo, que afroamericanos nos Estados Unidos nunca mudarão, porque sua inteligência é aproximadamente um desvio-padrão inferior à da população branca. Portanto, sem referência à situação econômica ou às condições educacionais e ambientais às quais foram submetidos, a inteligência e o nível de funcionamento presumido de afroamericanos sempre serão mais baixos, quando comparados a outros grupos raciais/étnicos. Trata-se de uma suposição errônea e danosa sobre grupos populacionais que foram privados de acesso e oportunidades. O principal dano é que tal posição minimiza as reações (e a necessidade) para encontrar formas de lidar com intervenções educacionais que poderiam ser implementadas. A tendência de usar abordagens estáticas – considerar que fatores emocionais, afetivos/energéticos são aspectos mais importantes que a inteligência, ou usar abordagens comportamentalistas de acordo com as quais os comportamentos e resultados são os aspectos decisivos da inteligência – vem da teoria que diz que, em qualquer caso, é impossível modificar a inteligência. Portanto, não há por que se preocupar com isso.

## O argumento que apoia a capacidade de modificação

Temos uma grande quantidade de dados empíricos sobre indivíduos e grupos que estavam em níveis muito baixos de funcionamento (com QIs na variação 40-70), mas foram tratados por nós e alcançaram um progresso significativo e funcionamento normal. Muitos chegaram a altos níveis de funcionamento após passarem por nosso programa de intervenção, o Enriquecimento Instrumental de Feuerstein (EIF), que discutiremos no capítulo 11.

Também temos dados sobre a modificabilidade em uma população com cromossomos afetados. Por exemplo, tratamos de crianças com Síndrome de Down, cujo nível de inteligência era considerado muito baixo, com QI na faixa dos 30 a 70, no máximo. Provamos que elas eram significativamente modificáveis em áreas que eram consideradas além do escopo de sua habilidade. Porém, isto requer um grande esforço, porque crianças com Síndrome de Down não são como outras crianças, elas precisam de mediação especial, intensa e sistemática entre elas e o mundo para que aprendam e progridam. Mas, quando recebem isto, percebemos mudanças e vemos surgirem estruturas de pensamento que permitem que elas realizem mais do que nós, ou outros, acreditávamos ser possível. Portanto, nem mesmo o cromossomo apresenta um obstáculo invencível, e isto se aplica também a diferentes tipos de anomalias cromossômicas, com seus efeitos cognitivos e comportamentais esperados.

## Trabalhando para gerar a capacidade de modificação

Agora chegamos a uma pergunta difícil: Como é possível alcançar a modificabilidade que, de acordo com nossa teoria, existe em todo ser humano?

A resposta a esta pergunta nos leva a um dos principais pilares da teoria da Modificabilidade Cognitiva Estrutural (MCE): a teoria e a Experiência de Aprendizagem Mediada (EAM), que nos ocupará nos próximos três capítulos e nos acompanhará em todos os outros tópicos com os quais lidaremos neste livro. Como descrevemos acima, a EAM é uma das formas essenciais para que o organismo humano possa interagir com o mundo, e o que definimos no capítulo 3 como uma das fontes básicas do desenvolvimento cognitivo. O organismo humano (e de outras espécies animais) mantém uma interação direta com o mundo por meio da exposição ao estímulo e aprende por meio da experiência direta, quando não há nada entre o sujeito e o estímulo. Por exemplo, eu pego um copo que nunca vi antes, o viro de cabeça para baixo e a água sai. Com isso, aprendo que não devo virar o copo se não desejar que a água saia dele.

Portanto, uma grande parte de nosso aprendizado (e de outros animais) ocorre por meio da experiência direta – ouvimos vozes, vemos coisas, as absorvemos, reconhecemos e somos potencialmente modificados pela exposição a elas. O organismo é modificado (experimental e estruturalmente) durante o processo de aprendizagem – após ver um objeto pela primeira vez e conhecê-lo, no segundo encontro eu o identificarei imediatamente, porque fui exposto a ele.

Na realidade, a aprendizagem por meio da experiência direta é a forma mais comum para todo organismo vivo aprender, incluindo os seres humanos. Porém, a exposição direta não explica por completo o potencial de modificabilidade. Em nossa visão, a explicação da modificabilidade não reside na experiência direta, mas no potencial indireto de aprendizagem. A Experiência de Aprendizagem Mediada é o que dá aos seres humanos a habilidade de se modificar e as ferramentas para aprender, que trarão os benefícios da exposição direta ao mundo do estímulo.

A EAM ocorre quando uma pessoa (mediador) dotada de conhecimento, experiência e intenções realiza a mediação do mundo, facilitando a sua compreensão e conferindo-lhe significado por meio da adição do estímulo direto. Isso terá muitas formas, mas pode ser generalizado para descrever (em um nível ou outro) aspectos da experiência humana acumulados ao longo dos anos, e não apenas a experiência imediata do momento.

A relação entre aprendizagem direta e EAM pode ser formulada da seguinte forma: quanto mais experiência uma pessoa tem com a aprendizagem mediada, mais benefícios terá com a exposição direta ao mundo. Em contrapartida, quanto menos uma pessoa vive a aprendizagem mediada, menor será a influência e o impacto da aprendizagem direta.

Neste sentido, a Experiência de Aprendizagem Mediada é diferente da aprendizagem pela exposição direta ao estímulo, e esta diferença explica, em grande parte, a diferença entre seres humanos e outras criaturas. Elaboramos este conceito no capítulo 5.

# 5

## Mediando a experiência de aprendizagem

A Experiência de Aprendizagem Mediada (EAM) é diferente da aprendizagem por meio de exposição direta ao estímulo. Para ilustrar este argumento te convidamos a se unir a nós em um *tour* excepcional por um museu de ciências, no qual não olharemos para as exibições, e sim os visitantes. Reuven Feuerstein fez o *tour* original com o falecido Professor Frank Oppenheimer, que fundou o *Exploratorium* em São Francisco. Oppenheimer seguiu o princípio didático segundo o qual é suficiente um ser humano estar em contato sensorial direto com o estímulo, visualmente e por toque, para aprender e ser modificado. A posição de Feuerstein, expressa para Oppenheimer no curso do *tour* e discutida mais detalhadamente em outros capítulos, é diferente: para se beneficiar das experiências é necessário um mediador, que mediará o estímulo para o aprendiz.

## A diferenciação da experiência de aprendizagem direta da Experiência de Aprendizagem Mediada (EAM)

Para começar, vamos observar Allan e sua mãe. Em seguimos, veremos William e sua família.

Allan anda pelo grande *hall* do museu de ciências. Ele corre de uma exibição para outra, aperta, mexe, toca, puxa, olha e corre de novo. Há muito, sua mãe parou de correr atrás dele. Ela ouve seus gritos e fica feliz de ver o filho ocupado com o mundo que se abre diante dele, fica entusiasmada com isto. Uma vez ou outra, tenta explicar a Allan o que está acontecendo na frente dele, como o anel é puxado pelo ímã, por exemplo, mas ele está mais interessado em descobrir coisas do que entendê-las.

Se nos aproximarmos de Allan e observarmos sua atividade, logo notaremos que sua interação é restrita apenas à atividade físico-sensorial, enquanto suas funções de pensamento, necessárias para compreender as exibições, praticamente não estão envolvidas. Apesar de demonstrar estar muito interessado e ocupado, aparente e cognitivamente, se nos aproximássemos dele entenderíamos que sua atenção se foca em uma exibição por apenas um momento, enquanto aperta o botão, e antes mesmo de ver os resultados de sua ação, ele segue para outra atividade.

Allan ativa o mecanismo de uma exibição que demonstra a interação entre dois contêineres de água. É possível perceber que ele não entende que sua ação aumentou o nível de água em um contêiner e não no outro. Enquanto ainda corre para lá e para cá fervorosamente, Allan aprende muito pouco sobre a conexão entre sua ação e o resultado. Portanto, é como se toda ação fosse a primeira. Ele se comporta como se todo objeto que se move estivesse ali para ser tocado, puxado e chutado, mas nada além disto.

Aparentemente, Allan experimentou o que é genericamente denominado "experiência de aprendizagem direta". Certamente, houve a experiência, mas o aprendizado ocorreu? Parece que não.

A mãe de Allan esperava, como muitos pais e educadores, que a interação direta do filho com as exibições no museu faria com que ele aprendesse os princípios e características operacionais do fenômeno apresentado, mas parece que olhar e operar não foi suficiente para aprender. Para entender o que afetou a linha de água no contêiner, é preciso comparar as duas situações, a linha de água no contêiner antes de mover a alavanca e a alteração resultante do movimento. Porém, se Allan não nota o que aconteceu, não será capaz de aprender sobre a relação entre a ação e seus resultados, e certamente não naquela experiência específica. Possivelmente ele nunca saberá como reproduzir o resultado a partir da repetição da ação.

Como dissemos, a mãe de Allan não é a única a acreditar no poder da aprendizagem por meio da experiência direta. É importante lembrar que existem três concepções básicas com relação à forma como a interação com cada ambiente leva ao desenvolvimento do pensamento e da inteligência e ao avanço dos seres humanos.

## Descrevendo modelos de aprendizagem

Primeiramente, temos o conceito comportamentalista, de acordo com o qual a exposição ao estímulo (S) causa mudança por induzir a pessoa a realizar uma resposta (R) ao estímulo. Piaget adicionou o organismo (O) à equação, suas características, idade e estágios de desenvolvimento como função dos processos de maturação, para explicar não apenas a forma de resposta do organismo, mas também para indicar quais estímulos são significativos e quais não são. Isto introduz o componente estrutural. A pergunta passa a ser: qual estímulo se torna fonte de aprendizado, e de que forma a exposição ao estímulo modifica o sistema comportamental e o esquema de pensamento do ser humano?

As duas abordagens – o modelo "estímulo-resposta (S-R)" e o modelo "estímulo-organismo-resposta (S-O-R)" – assumem que é suficiente a pessoa ter um tipo de diálogo com o mundo, com a natureza e com o estímulo ao redor para viver o desenvolvimento cognitivo e intelectual. De acordo com Piaget, o único pré-requisito é que o organismo tenha determinado nível de maturidade, alcançando determinado estágio de desenvolvimento e se engajando em uma interação ativa com o mundo. Em outras palavras, o organismo não precisa simplesmente ser exposto ao estímulo, mas também responder de determinada forma para que seus esquemas (estruturas) de pensamento se desenvolvam e passem (usando a terminologia de Piaget) do estágio sensório-motor para o operatório-concreto, e após para o estágio operatório formal.

Estas duas abordagens não fazem referência à função do fator humano no processo de desenvolvimento, como portador e transmissor de uma cultura acumulada ao longo de centenas de gerações. O fator que faz a mediação do mundo para seres humanos e os permite absorvê-lo não é levado em consideração. Aqueles que se prendem a estas abordagens não percebem a influência crucial do mediador no desenvolvimento do ser humano e, em última análise, seu papel como o iniciador da mudança. Aqui reside a grande diferença entre estas duas abordagens e a terceira, de acordo com a qual o mediador não é um objeto que a criança encontra e com a qual aprende por acaso, como no encontro com uma árvore, um pássaro ou um copo de água. O indivíduo aprende com o mediador humano os objetos e a natureza que não consegue mediar com propósito e intenção. O mediador é o transmissor de elementos culturais mais amplos e significativos dos objetos e acontecimentos da experiência direta. Esta é a fundação de uma grande variedade de intervenções dos pais e dos professores, engajando os mediadores em atividades adaptativas, criativas e inovadoras.

## Construindo o modelo da EAM

Na nossa abordagem, acrescentamos o ser humano no esquema S-O-R, colocando um "H" para o mediador humano entre o estímulo e o organismo e entre o organismo e a resposta, como mostra a figura 5.1.

O mediador humano não se impõe contínua ou constantemente sobre a pessoa que está sendo mediada e o mundo, não cobre todo o território entre eles, e sim deixa para o mediado uma grande área de exposição direta ao estímulo. Mas, em sua área de atuação, o mediador está ativo de diversas formas. Um exemplo é a modificação significativa do estímulo e uma exposição focada para mediar de forma intencional e controlada. Portanto, o mediador entrega para o mediado componentes que serão responsáveis por sua habilidade de entender fenômenos, procurar associações e conexões entre eles e, assim, se beneficiar e ser modificado.

**Figura 5.1 – Modelo da Experiência de Aprendizagem Mediada**

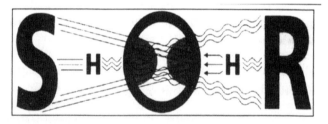

Antes de irmos mais a fundo na teoria da EAM, vamos voltar ao nosso *tour* do museu:

> Ao ver a óbvia empolgação de Allan, me perguntei se alguém deveria intervir. Será que não tiraríamos a maravilhosa espontaneidade de Allan se forçássemos sobre ele um estado artificial de aprendizado? Não causaríamos dano à experiência de descoberta se nos colocássemos entre Allan e o mundo de estímulos que o cerca?

Muitos educadores acreditam que tal reforço não apenas é desnecessário, como também indesejado e danoso à personalidade da criança, sua independência e senso de liberdade.

Jean Jacques Rousseau compartilhava esse ponto de vista com relação ao pensamento, ao acreditar que a natureza faz um trabalho perfeito e que, quando adultos tentam ensinar uma criança, eles apenas a confundem ou corrompem. Aqueles que defendem esta e outras visões similares assumem que a exposição direta ao estímulo sem mediação de aprendizagem (por um mediador intencional e engajado) levará ao comportamento cognitivo apropriado, como parte do processo natural de desenvolvimento e crescimento. Questionamos a lógica por trás da confiança total na abordagem de aprendizagem direta por causa da forma que crianças se desenvolvem e do repertório de comportamentos que constroem a inteligência (como cremos que deve ser definido; cf. nossa discussão no capítulo 3). Mas vamos retornar ao Allan:

> De tempos em tempos, cansado de suas incursões, Allan retorna para a mãe. Ela lhe dá um grande sorriso e um abraço caloroso, pergunta se ele gostou do que viu e fez. Allan responde com um conjunto de superlativos. "Eu amo muito as coisas aqui. São maravilho-

sas!" A mãe pergunta se ele quer ver de novo. "Sim!", ele responde.

A mãe não tenta fazer uma descrição mais detalhada sobre o que o menino viu, para descobrir o que o interessou ou se identificou o princípio da transferência de água de um contêiner para outro.

Ao descrever suas impressões entusiasmadas do museu, Allan adiciona à sua explicação gritos, sons e gestos para ilustrar algumas das exibições incríveis que viu. O movimento dos pistões do motor a vapor o cativou de forma especial, e descreveu as rotações do motor com movimentos característicos (girando mãos e braços abertos). Esta foi sua forma de expressar empolgação. Ele não perguntou: "O que faz os pistões se moverem?" "Por que eles giram?" Sua mãe também não fez estas perguntas. Ela se contentou com as perguntas que ele fez.

Antes de examinarmos a alternativa para a abordagem de aprendizagem direta, descreveremos outra criança, o William, que também veio ver as exibições no mesmo museu de ciências:

William, um pouco mais novo que Allan, estava acompanhado de Sara, sua irmã, e de sua mãe, que carregava o irmão de um ano nas costas. O grupo circulava pelo museu de uma forma completamente diferente de Allan e sua mãe. Contrastando com Allan, que passava de uma exibição a outra como uma borboleta, sem previsibilidade, William e sua família progrediam de forma organizada. Era fácil seguir a característica planejada e direta de sua rota, pois William apontava o trajeto e sua irmã avisava quando passar para a próxima exibição e onde parar para uma observação mais detalhada. Quando decidiam parar, a interação com a exibição era comandada por diferentes atividades: a família parava na frente de uma exibição que havia atraído sua atenção. A placa os convidava a fazer bolhas em um grande copo de sabão líquido.

William e a Sara estavam muito empolgados. Trabalharam juntos, um enchendo a colher com sabão e outro soprando e fazendo bolhas. A mãe ficava ao lado, instruindo onde soprar e demonstrando como regular o fluxo de ar. Ela interpretou o êxito dos filhos como sinal de sua habilidade e resultado da cooperação entre eles. Quando chegaram aos dois contêineres de água conectados, mostrados na figura 5.2 (a mesma exibição que interessou ao Allan), a mãe se posicionou junto a Sara à esquerda do sistema, e William ficou à direita. O que aconteceu a seguir foi uma relação de interação maravilhosamente conectada. A mãe começou por chamar a atenção dos filhos para a linha de água colorida em cada contêiner. Em seguida, Sara girou a alavanca da esquerda fazendo com que a linha de água da direita caísse, e imediatamente após Willian girou a alavanca da direita, fazendo com que a linha de água do contêiner esquerdo caísse. Notando as mudanças causadas em cada contêiner, a mãe sugeriu que soltassem as alavancas e tentassem antecipar o que aconteceria no momento que as alavancas voltassem ao estado de descanso!

**Figura 5.2 – O mecanismo dos contêineres conectados**

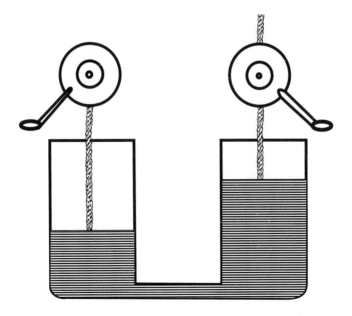

A mãe mediou para as crianças uma operação mental de antecipação (em outras palavras, antecipar a resposta mentalmente e logo verificar se ela ocorreu).

As crianças não respondem imediatamente. A mãe os incita: "Pensem, por favor". Willian estima que a água passará para o contêiner do seu lado, mas não é capaz de dar um motivo para sua resposta. (Sara continua olhando os contêineres, esperando que algo aconteça.)

A mãe dá uma dica: "Vocês se lembram da altura da água antes de girarem a alavanca?"

Agora, as duas crianças entendem qual será a resposta: a água voltará à posição anterior, antes de girarem as alavancas. Até mesmo o bebê, pendurado nas costas da mãe, acompanha a explicação com o olhar.

O que a mãe pretendia com estas ações, com sua intervenção? Obviamente não podemos ler seus pensamentos, mas é possível concluir que suas ações e comportamento foram intencionais: ela queria que os filhos descobrissem como os contêineres conectados funcionavam. Ela entendia que precisava criar as condições conceituais e cognitivas necessárias para esta descoberta ocorrer, então focou a atenção das crianças nas alavancas, nas características dos contêineres e na altura da água em cada um. Ao descrever tudo detalhadamente, ela mostrou como cada parte servia a um propósito e as crianças entenderam o mecanismo. A mãe levou a atenção das crianças às mudanças que foram produzidas por cada uma delas. Fez com que lembrassem como era a linha de água antes de agir e pediu que antecipassem: "O que aconteceria se o movimento fosse interrompido?" Quando as crianças hesitaram, a mãe não entregou a resposta pronta como pais, muitas vezes, tendem a fazer. Pelo contrário, ela lhes deu tempo para pensar e, quando sentiu que precisavam de assistência, sugeriu compararem a altura atual e inicial da água. Desta forma, indicou para eles como conectar as duas fontes de informação necessárias para descobrir o princípio por trás do que viram.

Quão diferente foi a qualidade da interação nos dois casos? William entendeu mais do que Allan? Em termos de absorção sensorial, não houve diferença aparente entre eles. Allan fez menos? Definitivamente não! Allan foi muito mais ativo que Willian e conseguiu "ver", por estar correndo para lá e para cá, muito mais da exposição. No entanto, como ninguém incentivou Allan a se submeter ao poder de cada exibição e experimentar as inovações, sua experiência foi superficial. Seu movimento e manipulação das exibições, em si, não o fez refletir sobre o que estava acontecendo, e, portanto, ele não entendeu a conexão entre suas ações e os resultados observados.

O que fez com que os dois meninos funcionassem de forma tão diferente quando expostos ao mesmo estímulo? Em nossa opinião, a diferença está na natureza da interação com o mundo. William viveu uma interação de aprendizagem mediada, e Allan viveu uma interação direta não mediada.

Allan foi exposto a um estímulo (S) e reagiu (R) da forma que o estímulo permitiu ou encorajou. Esta exposição (e a reação do menino a ela) é considerada, na perspectiva de especialistas de aprendizagem com abordagem comportamentalista, como condição suficiente para o desenvolvimento cognitivo em diversas áreas. Há uma cadeia de estímulo e reação, que, para estes especialistas, é fonte suficiente para o aprendizado, especialmente quando existem resultados claros no comportamento da criança. Com relação aos resultados do comportamento, a criança faz associações entre S e R, que servem como fontes de reforço de comportamento. Tal cenário pode ocorrer em duas direções, evitando a repetição de um comportamento cujos resultados não eram desejáveis, ou repetindo um comportamento cujos resultados foram desejáveis. De acordo com este modelo de aprendizado, determinados comportamentos se tornam, no fim, uma parte do repertório de comportamentos do indivíduo.

Porém, é realmente assim que o aprendizado ocorre? Em nossa descrição das reações de Allan ao museu, após repetidas interações com as exibições, ele não pôde apontar para a alavanca que havia feito a máquina se mover em uma direção ou outra, ou parar. Esta inabilidade se deve ao fato de que, quando girou a alavanca, ele não prestou atenção nas mudanças em sua posição. Não notou diferença entre a primeira e a segunda alavanca ou o que acontecia quando girava uma e não a outra. Allan não analisou a fonte ou os resultados de suas ações, e, portanto, não desenvolveu *insights* ou conhecimento estrutural de suas extensivas experiências diretas.

Ações repetidas não acompanhadas por processos de pensamento e compreensão podem causar prazer e reforço, mas não necessariamente produzem aprendizagem. Pela estratégia de tentativa e erro, Allan foi forçado a redescobrir, em cada ação da máquina, que alavanca causou que reação. Assim como a raposa na fábula de Esopo, ele surgiu do vinhedo tão manso quanto havia entrado nele.

## A função do mediador na EAM

O caso de Allan demonstra que, para transformar experiência em aprendizado, é necessário encorajar o aluno a comparar, coletar e classificar dados, além de dar significado para a experiência atual, comparando à experiência anterior.

O método ativo de experiência no mundo é produto da Experiência de Aprendizagem Mediada (EAM). Em uma situação de aprendizagem mediada, o organismo (O) sendo exposto diretamente a um estímulo (S) reage e responde (R) com habilidade e completude apenas após as características do estímulo terem sido organizadas, classificadas, diferenciadas, moldadas, adaptadas e organizadas por um mediador humano maduro (H).

Em outras palavras, no encontro de aprendizagem direta, mesmo quando um professor ou pai adulto está presente, ele é um objeto como qualquer outro, mesmo que seja um objeto vivo e falante, que dá à criança informações que a natureza não oferece. Não existe a intenção de o adulto mediar para a criança, e, mesmo que houvesse, isso não alteraria de nenhuma forma o tipo de interação entre a criança e o mundo.

Mas se o adulto que ensina não é uma fonte de desenvolvimento da inteligência, como ela se desenvolve? Piaget defendia que toda pessoa que passa pelos estágios iniciais de desenvolvimento e chega ao estágio formal deve também alcançar altos níveis de pensamento, incluindo pensamento abstrato e ético, por meio de um processo combinado de crescimento gradual em maturidade e interação mental com o ambiente ao qual está exposto. Quando os testes de

Piaget são usados para examinar pessoas que deveriam alcançar altos níveis de pensamento, como alunos universitários, encontramos que apenas 30-40% deles, no máximo, utilizam o pensamento formal, enquanto que, de acordo com Piaget, todos deveriam ser capazes de alcançar isto sozinhos.

Então, qual é a origem da diferença entre seres humanos? Piaget chegou perto de uma resposta quando adicionou o "O" ao paradigma S-R. Com isso, ele reconheceu que há uma entidade organizadora central, o organismo, que passa por um processo de mudança e maturação, que permite a interação diferencial com o estímulo e os resultados. Segundo este conceito, o organismo consegue detectar e acessar uma crescente variedade de estímulo e experiências. Devemos relacionar isto apenas a diferenças biológicas ou hereditárias? Piaget acreditava que não, mas estava ocupado descobrindo os elementos universais (ou "leis") que governam o desenvolvimento do ser humano, e não estava interessado nas diferenças entre eles.

Nós argumentamos que, na abordagem de Piaget, não há explicação para as diferenças entre pessoas ou para os processos responsáveis pela realização das funções cognitivas que são ativadas em diferentes situações. Portanto, do nosso ponto de vista, a teoria de Piaget não leva a uma intervenção real. Além disso, pesquisas neurofisiológicas recentes apontam para o "O" como o cérebro, e sua plasticidade é determinada pelas interações entre o "S" e o "R", com intervenções muito necessárias do "H", o mediador humano.

Para entender melhor a natureza da distinção, referimo-nos ao trabalho de Hans Aebli, um dos notáveis pupilos de Piaget, que escreveu um livro sobre as implicações fisiológicas de ensinar pela perspectiva de Piaget (AEBLI, 1951). Ele argumentou que, se fôssemos tirar conclusões aplicáveis da teoria de Piaget, teríamos que dizer: "Se a criança / ser humano alcançou o nível de esquemas de pensamento, não precisa aprender mais, e, se não o fez, aprender não ajudará". Na realidade, isto não é diferente do simples problema enfrentado ao trabalhar com populações com função e habilidade mental normal, que, por algum motivo, não agem assim na prática. Perguntamos se este era um fenômeno genético ou se dependia do nível de mediação que estas pessoas haviam recebido. Questionamos se eles receberam a mediação que os permitiria aprender com suas experiências.

## Analisando a experiência de aprendizagem de Allan e William

Ao comparar as experiências de Allan e William, as crianças que visitaram o museu de ciências, percebemos que a experiência de William foi bastante diferente da de Allan. Ao deparar-se repetidas vezes com o estímulo proporcionado pelas exibições, William foi capaz não apenas de trabalhar com a máquina e repetir seu resultado inicial, mas de antecipar como os resultados seriam afetados se alterasse o modo de operação.

A mãe de William, como mediadora, criou nele algo que o encontro com a máquina e sua operação nunca produziriam: conhecimento e motivação para aprender mais sobre as relações entre as partes, nas quais poderia encontrar continuidade, ordem, consistência, causa e efeito, e assim por diante. Foi a interação e a mediação da mãe que permitiu que William e sua irmã Sara fossem além do conhecimento das alavancas e entendessem sua função e a forma como se relacionam a funções similares. A mediação elevou a habilidade de pensamento de William para um nível em que ele foi capaz de derivar benefícios de cada tarefa, tornando-se mais experiente, interessado e capaz.

Ao se posicionar como mediador entre William e suas respostas, a mãe estabeleceu um padrão de resposta, encorajando-o a formular outras soluções possíveis. Quando William, por exemplo, usou gestos para descrever a conexão entre o giro da alavanca e a alteração do nível da água, a mãe o encorajou gentilmente a responder com palavras. Em contraste, a mãe de Allan não se colocou entre o filho e o estímulo, e não o encorajou a dar descrições verbais ou melhorar suas respostas. Embora a exposição de Allan ao estímulo no museu ter sido uma experiência excitante para ele, que influenciou sua motivação em geral (ele queria voltar ao museu), ele não pareceu alcançar muito benefício cognitivo disto, como mostrado pelo baixo nível de capacidade quando realizou as tarefas.

A falta de experiências de aprendizagem mediada é capaz, portanto, de fazer com que uma pessoa ganhe muito pouco de um encontro direto com tarefas de aprendizagem. A habilidade de ajuste do indivíduo será extremamente fraca, demonstrando falta de flexibilidade quando precisar se adaptar a situações novas e complexas.

### Outros exemplos das consequências da Experiência de Aprendizagem Mediada

Seguindo a iniciativa de Piaget, Reuven Feuerstein conduziu um experimento com milhares de crianças e jovens do 3º ao 8º ano, que evidenciou o poder da Experiência de Aprendizagem Mediada.

Estes são os estágios do experimento ilustrado na figura 5.3.

• Os examinados veem uma garrafa quadrada, cheia de líquido azul até a metade.

- A garrafa é coberta com um pano. A posição da garrafa é alterada na frente dos examinados, e uma tira de papel é colocada diante deles com desenhos da garrafa inclinada em diferentes direções, como as posições da garrafa nas mãos do examinador. Os examinados devem prever como ficará a linha de água na garrafa virada.

- A garrafa é descoberta novamente, e os examinados devem desenhar a linha de água, seguindo a posição em que o examinador coloca a garrafa. Neste estágio, supostamente, acontece o aprendizado direto.

- A garrafa é coberta novamente e a natureza do aprendizado é avaliada. O processo é inteiramente repetido com uma garrafa redonda para avaliar a qualidade do aprendizado, considerando sua resistência a mudanças.

**Figura 5.3 – O experimento das garrafas inclinadas**

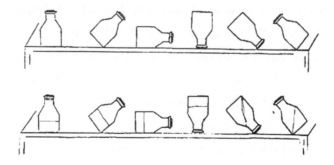

Na primeira fileira do diagrama, a garrafa é desenhada em diversas posições inclinadas. Na segunda fileira, a linha de água na garrafa também é desenhada. Examinamos diferentes grupos e descobrimos que, no nível elementar mais baixo, até mesmo crianças com alto desempenho tendiam a cometer erros e "fixar" a água conforme a inclinação da garrafa, sem considerar a influência da gravidade. No entanto, a descoberta mais interessante foi comparar as respostas das crianças que haviam recebido mediação e vinham de casas onde os encontros com a natureza eram acompanhados por explicações, formulações e intervenções variadas àquelas submetidas à experiência e aprendizagem, que não haviam recebido o mesmo nível de mediação.

Ao serem confrontadas pela primeira vez com o dilema da posição da água na garrafa, crianças que receberam mediação cometerem erros como as outras, porém, com a exposição ao estímulo, aprenderam e se corrigiram ao longo do experimento. Por outro lado, as crianças que não tiveram mediação, apesar de verem as garrafas no experimento e terem usado garrafas durante suas vidas – beberam água no copo e sabiam que o copo precisa ser inclinado para beber –, não aprenderam como usar suas experiências diretas para concluir que a água sempre fica horizontal, sem relação com a posição do recipiente no qual está.

As descobertas foram claras e consistentes quando este teste foi administrado com milhares de crianças.

Mantemos, portanto, que o diálogo com a natureza, mesmo que seja muito ativo, não é suficiente para criar no ser humano as mudanças que permitirão uma adaptação a novas situações. A aprendizagem mediada, por outro lado, oferece qualidade interativa segura apenas para seres humanos e é responsável por sua característica singular de modificabilidade. O mediador torna cada evento e experiência uma oportunidade para mudança e expansão do esquema, para quem recebe a mediação. Essa interação especial acontece por meio de diferentes e variadas formas de comunicação, e aumenta a habilidade do indivíduo de se beneficiar também da interação criada por exposição não mediada (direta) ao estímulo.

## Resumindo

Resumindo e reforçando, a interação mediada introduz ordem no encontro do ser humano com o mundo. Uma característica marcante da exposição direta de uma pessoa ao estímulo é a aleatoriedade e falta de previsibilidade do encontro. Não apenas o estímulo nem sempre aparece, mas a pessoa nem sempre está em estado de prontidão para absorvê-lo. Possivelmente, o indivíduo apreendeu o estímulo quando ele chegou, ou talvez não! Ou seja, um encontro ao acaso entre uma pessoa e um estímulo não garante que ela sempre e inevitavelmente gerará um benefício na interação. Este não é o caso nas situações em que o mediador está colocado entre o estímulo e a pessoa, como se ele dissesse:

> Quero que você veja este estímulo, quero que você o veja nesta situação. Farei tudo para que isto seja possível, até mesmo mudarei o estímulo para que atraia o seu olhar, mesmo que não esteja interessado em vê-lo. Antes que você perceba, me certificarei de que veja outra coisa para identificar a conexão entre o que está vendo agora e o que veio antes ou o que virá depois.

O mediador introduz ordem a este conjunto de estímulos que pode, em si, ser muito aleatório. A ordem permitirá que o receptor da mediação descubra associações entre os estímulos ao fazer comparações e outras operações mentais.

A mediação dá aos seres humanos ferramentas de reflexão sobre o fenômeno e entendimento sobre as conexões que existem entre eles, além de descobrir o sistema de leis que o governa. Por exemplo, muitas crianças e alguns adultos não entendem o princípio que explica a mudança na aparência da lua a cada mês – porque aumenta e diminui, e quando e por que aparece cheia. Em outras palavras, o fato de vermos a lua todo fim de dia não induz nosso olhar para entender as leis que governam suas fases. Pense em todas as descobertas que hoje aceitamos sem questionamento, que resultaram de milhares de anos de contemplação, que não apenas nos transmitem conhecimento e dados, mas também nos ensinam a refletir.

A aprendizagem mediada é a expressão mais notável da importância da cultura humana, que transmite ao aluno não apenas volume de conhecimento e habilidades, mas também (e principalmente) formas de refletir sobre fenômenos e procurar conexões entre eles. A cultura humana transmite, além de conteúdo histórico, aquilo que está fora da percepção sensorial direta da pessoa, o desejo de buscar e descobrir sistemas de leis e tentar verificá-los ou rejeitá-los com experimentos subsequentes, ou seja, que vão além do conhecimento que a pessoa não obteria sem ter um mediador. Sem um mediador, mesmo se a pessoa obtivesse tal conhecimento, não entenderia sua importância. O mediador proporciona ao indivíduo uma forma de abordar e se referir aos fenômenos, além de despertar o desejo de entendê-los, a necessidade de encontrar ordem neles, de compreender esta ordem e recriá-la por si própria. Desta forma, a mediação aumenta a habilidade do sujeito para alcançar benefícios da exposição direta ao estímulo.

## A EAM é exclusivamente da raça humana?

Existe evidência de que, com determinados tipos de primatas, a mediação possibilita a criação de funções previamente não existentes neles. Um maravilhoso exemplo é o trabalho de Patterson (1978, 1981) com Koko, um orangotango fêmeo. Por meio de suas interações com a Dra. Patterson, Koko aprendeu Linguagem de sinais americana (LSA), adquiriu um grande vocabulário, aprendeu vários palavrões e também a mentir e contar piadas. De acordo com a descrição de Patterson, seu trabalho com Koko corresponde ao modelo da EAM principalmente por causa dos parâmetros que caracterizam a qualidade interativa. Além disso, ela reportou que, quando Koko conheceu Mickey, um jovem orangotango, começou a mediar com ele o que havia aprendido com a Dra. Patterson. Em ambos os primatas e em outras pesquisas com chimpanzés, vemos um tipo de mediação que não existiria sem a presença do fator humano introduzindo a interação com o ambiente. As mudanças certamente foram significativas.

De forma similar, o Professor Jerome Bruner, o conhecido psicólogo do desenvolvimento, ao ouvir

Reuven Feuerstein descrevendo a teoria da EAM, comentou: "A EAM não é apenas para os deficientes, serve para todos nós, pois é o que nos faz humanos".

A Teoria da Experiência de Aprendizagem Mediada continuará nos preocupando nos capítulos seguintes deste livro, porque é o principal pilar da teoria e prática da Modificabilidade Cognitiva Estrutural (MCE). Resumindo, a MCE tem duas funções principais:

- Explicar a habilidade dos alunos e de todos os seres humanos de se modificarem, e todos somos testemunhas disso, apesar de às vezes negarmos isto sem justificativa.

- Permitir o aumento da modificabilidade de alunos em circunstâncias nas quais, por diversos motivos, tal modificabilidade é fraca ou inexistente.

# 6

# Criando as condições para o aprendizado bem-sucedido

## A Experiência de Aprendizagem Mediada (EAM)

A experiência de mediação é uma forma de interação que acompanha o desenvolvimento dos seres humanos e moldou a experiência humana (em desenvolvimento e cultura) muito antes da formulação da teoria da Experiência de Aprendizagem Mediada (EAM). O Professor Feuerstein frequentemente relembra como sua mãe, de memória abençoada, mediava o mundo para ele muito antes que começasse a formular este conceito. Ele reflete que, "na verdade, grande parte do que sei hoje sobre mediação aprendi com ela, e estou longe de ser único neste quesito". Para aprender o que é a mediação, devemos recorrer às mães que estão mediando seus filhos desde o início da existência humana, para observar e entender suas ações.

O Professor James Comer é psiquiatra, um educador inspirador e membro do corpo docente da Universidade Yale. Seu trabalho tem focado a educação de crianças afroamericanas (ele é afroamericano). Ele comentou sobre a EAM após participar de uma de minhas palestras:

> Tudo que sou hoje aprendi a ser a partir da mediação que minha mãe me deu, como quando me instruiu sobre a forma de limpar as casas dos brancos para quem ela trabalhava – como tirar o pó de todos os cantos. Foi a mediação dela que me permitiu alcançar tudo que faço hoje como psiquiatra.

Em suas próprias palavras, ele expressou uma característica importante sobre a interação mediada: a mediação não depende necessariamente de linguagem ou fala. É, porém, certamente *intencional*, ou seja, o mediador deseja que aconteça e age de forma a trazer isto ao mediado. Esse processo começa, basicamente, no primeiro dia de vida do bebê, quando a mãe olha no seu olho e tenta capturar seu olhar. O bebê também começa a focar no rosto da mãe muito cedo após o nascimento, tentando observar as mudanças que acontecem e reagindo a elas.

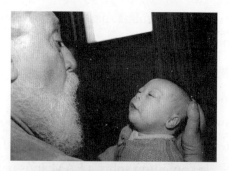

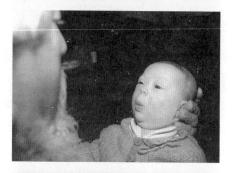

Acima, incluímos uma sequência de fotos mostrando um avô e uma mãe mediando para um bebê. As imagens ilustram a prontidão de resposta à imitação mediada, mesmo com tão pouca idade. Esta interação é importante, pois todas as crianças têm o potencial de registrar e responder em muito mais jovens do que geralmente acreditamos. Para crianças com necessidades específicas, como Síndrome de Down, esta imitação mediada inicial é vital para o desenvolvimento de habilidades futuras que integram os repertórios de comportamento de crianças, caso o estímulo seja oferecido cedo e de forma sistemática. Neste estágio, o bebê geralmente prefere a mãe mais que o pai ou outros, porque a mãe é a figura mais significativa. Gradual e rapidamente, o bebê aprende a distinguir entre figuras mais e menos significativas, com base em sua experiência imediata. Quando um estranho tenta capturar o olhar do bebê, seus olhos fogem, e é preciso realizar todo tipo de manipulação para segurar seu olhar. Por outro lado, quando apenas a mãe está presente no local, o bebê provavelmente virará seu corpo por completo para captar seu olhar. A mãe oferece a mediação pré-verbal para o bebê, o que inclui mediação por imitação, mediação por procura daquilo que sumiu do campo de visão, e sistemas comportamentais adicionais que são pré-verbais, ainda que sejam acompanhados verbalmente.

Este tipo de mediação, que a mãe oferece para o filho no início de seu caminho no mundo, influencia a forma de interação que a criança cria com o ambiente. A criança aprende a selecionar (e buscar) os objetos que focará (visualmente) por um período mais longo. A EAM não depende da linguagem na qual a interação ocorre. Todas as modalidades de interação possuem qualidades de aprendizagem mediada, interação de gestos e física, exposição a modelos de imitação comportamental e, claro, interação verbal, que é de significado e qualidade especial, devido à sua capacidade de expandir e elaborar as outras modalidades da EAM. Recentemente, completamos um pequeno livro-guia para a mediação do desenvolvimento de linguagem inicial, *Mediated Soliloquy: Theory, Concept and a Guide to Practical Applications*.

Uma criança que vê as ações realizadas por seu pai, como cortar uma árvore para fazer uma canoa, por exemplo, também ganha experiência por meio da interação mediada: o pai nem sempre explica suas ações verbalmente para a criança, ele apenas a convida a olhar: "Fique de pé ali, veja o que estou fazendo". O pai se posiciona de forma a permitir que a criança veja suas ações e ela aprende a ordem executada, que leva ao objetivo final conhecido pela criança, apesar da canoa ainda não ser visível, de transformar o tronco em canoa. A intenção do pai de mediar é demonstrada na forma como ele executa as ações e nas mudanças que introduz para deixá-las claramente visíveis, compreensíveis e finalmente imitadas por seu filho. A interação verbal pode ser mínima, sem necessariamente diminuir o valor de mediação.

## As características da Experiência de Aprendizagem Mediada

A interação mediada é composta por dois grupos de parâmetros: o primeiro grupo inclui características que são responsáveis pelo caráter universal do fenômeno de modificabilidade humana, que converge para a plasticidade que caracteriza o ser humano. Este grupo contém três critérios que criam as condições essenciais para transformar uma interação em EAM. Em outras palavras, sem eles, esta interação não seria mediação.

O segundo grupo de características inclui o que direciona a modificabilidade de diferentes formas, dependendo da cultura e de diferenças interpessoais. Estes parâmetros são responsáveis pela diferenciação da mediação (pesquisas mostram que gêmeos idênticos podem receber uma mediação completamente diferente da mesma mãe, ou responder de formas diferentes a uma mesma mediação). São critérios *situacionais ou específicos*, porque não ocorrem em toda interação, mas estão relacionados a experiências, necessidades e exposições específicas do aprendiz.

Neste capítulo, iremos caracterizar os três critérios que fazem parte do primeiro grupo, e devotaremos o capítulo seguinte aos demais critérios da interação mediada.

Como aprendemos com Allan, no último capítulo, nem toda interação entre a mãe e filho, entre professor e aluno, ou entre pessoas em geral, reflete ou contém a qualidade de mediação. Existem três características essenciais que transformam a interação em EAM: *intencionalidade e reciprocidade, transcendência e a mediação do significado*. Juntas, as três características criam no aluno o potencial de modificabilidade estrutural, como uma opção comum a todos os seres humanos, independentemente das diferentes estruturas orgânicas de cromossomos, das diferenças raciais, étnicas, culturais ou socioeconômicas.

Descreveremos agora cada uma das três características.

## Intencionalidade e reciprocidade

Na interação de aprendizagem mediada, o conteúdo específico da interação, por mais importante que seja, é moldado pela intencionalidade da mediação.

- "Quero que ouça o que estou dizendo. Portanto, estou dizendo em voz alta."

- "Quando falo com você em voz baixa, tenho uma intenção. Quero que faça um esforço para escutar, não apenas ouvir."

- "Quero que você saiba a ordem das ações, portanto, repito muitas vezes."

Quero que a criança que aprende, para quem estou mediando, reconheça um objeto particular no qual focar, e não um diferente, aqui, e não em outro lugar, agora, e não em outro momento. Incluo não apenas o material sendo aprendido, mas também os componentes de tempo, lugar, ordem e organização, que não são necessária ou automaticamente percebidos ou abordados.

O mediador com intencionalidade muda os estímulos, faz com que sejam mais marcantes, mais poderosos, se imponham mais e sejam mais compreensíveis e importantes para o receptor da mediação (o mediado/aluno). Mas a simples mudança de estímulo não é suficiente; o mediador também altera o receptor da mediação. Se o mediado está sonolento, o mediador provocará um estado de alerta. Se o aprendiz responde lentamente, o mediador ajustará o fluxo de estímulo para o tempo do mediado, para que possa ser absorvido. No entanto, se o mediador habilidoso observa que estas intervenções não são eficazes, ele pode adaptar suas reações, mudar a si mesmo e, assim, modificar os métodos da mediação para garantir que o que está sendo retratado será absorvido pelo aprendiz. Em outras palavras, a intenção de mediar modifica os três atores que participam da interação, o mediador ou professor que realiza mediação, o mundo do estímulo e o aprendiz. O processo de mediação pode ser ilustrado por uma volta, como mostrado na figura 6.1.

**Figura 6.1 – O Ciclo da Mediação**

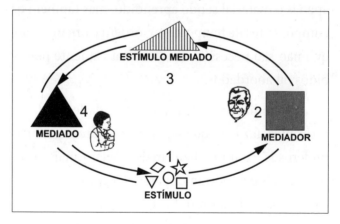

Vamos analisar este esquema para entender como ele reflete o processo de mediação. Para o aprendiz, existe uma coleção de estímulos, representada na imagem por um grupo de formas geométricas. O mediador organiza o estímulo e escolhe um deles para focar – separando/isolando um triângulo do grupo – aumentando-o, mudando sua forma e cor para torná-lo mais marcante, modificando ou exagerando suas características para que seja significativo e apresentando-o ao mediado para facilitar sua recepção. O mediado ou aprendiz absorve o triângulo, de acordo com os aspectos mais focados durante a mediação, e, ao voltar ao conjunto de estímulos, a forma será conhecida, entendida, lembrada, estruturalmente assimilada, gerando uma reação significativa em encontros futuros, independente de mudanças em suas características diretas e particulares – dimensão, cor, propriedades geométricas e assim por diante. Por que escolher o triângulo? Esta é apenas uma metáfora para algum aspecto do conjunto de estímulos que o mediador julga importante enfatizar, de acordo com a análise que ele faz das necessidades de quem aprende ou demandas do ambiente.

O ciclo de mediação é fechado (ou seja, se torna uma volta) apenas se a mensagem com relação ao estímulo passar do mediador para o mediado, sendo absorvida e registrada, e levando a um processo de generalização, conservação do objeto e, finalmente, pensamento abstrato. Ao mediar a minha intenção para uma criança – porque escolho este estímulo, porque escolho enfatizar este princípio e não outro, e porque escolho esse método e não outro (que também pode ser passado e entendido por crianças muito novas) – dou à criança os meios de mediar por si própria quando o mediador não estiver mais entre ela e o mundo – a qualidade de autoperpetuação da aprendizagem.

É aqui que a reciprocidade entra em cena, quando o aluno ou mediado compartilha da intenção do mediador e a transforma em um ato explícito, voluntário e consciente. Para alcançar a reciprocidade, transfiro minhas intenções para o mediado, possibilitando a sua decisão (voluntária, consciente) para definir como responder à realidade vivida quando o mediador não estiver presente.

Intenção e reciprocidade trazem um sopro de vida à interação entre o mediador e o mediado. Toda atividade se torna uma oportunidade de mediação, da mais simples à mais complexa, começando com o cuidado com o bebê, os hábitos de limpeza, a habilidade para evitar ações que ameaçam a vida, orientações quanto a habilidades básicas e, por fim, o ensino de poesia, história ou filosofia. Em cada uma destas situações, o processo de mediação é experimentado e precisa ser vivido. Estas interações que afirmam a vida receberão caráter especial a partir da Experiência de Aprendizagem Mediada caso sejam intencionalmente projetadas, realizadas de forma sistemática e enfática, gerando reação recíproca.

Porém, a intencionalidade em si não é suficiente. É possível encontrar intencionalidade entre os animais; assumimos que o gato que leva seus filhotes para o jardim para mostrar onde e como eliminar e esconder seus dejetos tem intenção, pois espera até que todos tenham chegado perto e possam observar suas ações. Em outras palavras, a intencionalidade existe, mas está conectada a uma atividade que é baseada em necessidades e inclinações hereditárias de um animal que precisa cobrir seus rastros por medo de ser atacado. Com seres humanos, por outro lado, a mediação é caracterizada pela intenção de ir além da situação na qual acontece. Isto leva à segunda característica da EAM.

## Transcendência

Na natureza, existe um movimento essencial que requer mediação para alcançar os objetivos que vão além da experiência direta e imediata. A existência humana impõe uma distância ideal do objeto, como o caçador, que não pode estar muito longe do seu alvo, ou como o gato descrito acima. Fazendeiros, por outro lado, agem em uma distância maior de tempo e espaço: eles plantam hoje para colher no ano seguinte. O plantio é feito com a expectativa de que, com a passagem do tempo e sujeito a condições específicas, o resultado desejado (a colheita) será alcançado.

A capacidade de agir em intervalos cada vez maiores de tempo, espaço e níveis de abstração é uma das principais características do desenvolvimento humano. O indivíduo usa os fatores de tempo e espaço e processa o mundo por meio deles. Este tipo de atividade, que é distante do objetivo, criou muitas mudanças nos seres humanos: devemos rejeitar gratificações e distinguir entre o objetivo e as ações necessárias para alcançá-lo. Esta distância demanda de nós a habilidade de representar nossa experiência – devemos imaginar o que acontecerá em outro ano se não investirmos na plantação e na colheita, ou o que acontecerá se investirmos nisso. Especificamente, é preciso antecipar e nos perguntar: "o que acontecerá se agirmos de forma diferente, para além de nossas necessidades imediatas"?

A relação de um ser humano com o mundo é regulada por distâncias crescentes entre o sujeito e os objetos – entre o que entra e o que sai. Outras criaturas viventes não estabelecem uma relação com o mundo, porque não existe entre eles e o mundo a distância necessária para o desenvolvimento de tais relações. Para animais, o mundo serve apenas para suprir suas necessidades momentâneas. Eles veem no mundo apenas o que está perto deles. Em todo caso, o mundo de um ser humano é construído de forma crescente, aproximando a distância entre as partes e permitindo um dualismo homem-mundo. Martin Buber fez esta distinção em seus conceitos de *urdestanz* e *underbeziehung*.

Como incentivamos o processo de nos afastar do objeto e da necessidade imediata? Como criamos uma relação com o mundo que caracterize o aluno? Como criamos a habilidade de aplicar o que é aprendido a todas as áreas da vida? Nossa resposta é que criamos isto por meio da mediação da transcendência, com um significado especial: o fator de humanização da interação entre o ser humano e o mundo.

Examinaremos, por exemplo, a transcendência na mediação que uma criança recebe durante a refeição:

> A principal função da interação que ocorre durante as refeições em família é garantir a sobrevivência física das crianças pela satisfação de suas necessidades. Para alcançar este objetivo, o local da alimentação não é importante (seja à mesa ou debaixo dela), assim como a forma de se alimentar (com as mãos ou garfo e faca), nem a ordem da alimentação. Não há necessidade nenhuma de impor nesta interação uma ordem de tempo e lugar (além do tempo da fome), ou acrescentar a etapa de lavar as mãos ou fazer uma oração. A interação em si não requer nada além do ato de comer, que garante a sobrevivência da criança.

Nesta situação, o mediador cria condições que não são necessidades práticas, mas expressa uma necessidade cultural, transmitindo para a criança o princípio da "cultura de se alimentar", que é uma norma compartilhada socialmente. A cultura transmite uma ordem de alimentação, lugar e horários em que se come. A atitude com relação à comida é uma transição / elaboração, que parte da função da existência biológica, e é transmitida por meio da mediação da transcendência.

A mediação da transcendência não se relaciona, portanto, apenas a generalizações, conceitos e funções abstratas. Mais que isto, não depende também da consciência explícita dos envolvidos na interação mediada (do mediador ou mediado). A necessidade de sair e ir além da situação imediata de sobrevivência cria expressões e técnicas operacionais transmitidas para gerações futuras, que garantem sua continuidade.

Por meio da mediação de transcendência, culturas vão muito além das necessidades individuais, imediatas e físicas de sobrevivência e alcançam objetivos coletivos de sobrevivência, que, no nível do grupo, são parte de seu coletivo espiritual. O componente transcendental na aprendizagem mediada tem funções extremamente importantes, pois cria nos seres humanos um sistema de necessidades que são muito distantes das necessidades primárias. Por exemplo, saber que abóbora e abobrinha fazem parte da mesma família de vegetais não contribui em nada com o ato de comê-las para sobrevivência física. Uma pessoa pode se beneficiar de se alimentar delas mesmo sem este conhecimento. Mas a interação mediada que continua para além do ato de comer cria nos seres humanos necessidades novas, como, por exemplo, coletar conhecimento e entender o mundo, e, então, os transforma em necessidades independentes e extremamente poderosas. A diferenciação entre abóbora e abobrinha pode inspirar uma pessoa a aprender mais sobre diferentes vegetais e assim por diante. Um grupo de alunos que aprendeu que cangurus fêmeos têm uma bolsa e são da família marsupial ficaram curiosos e fizeram uma pesquisa sobre outros marsupiais que tinham bolsas também.

Uma pessoa que não janta para ir a um concerto não satisfaz uma necessidade com a qual nasceu. Isso é produto de uma cultura que foi transmitida pela mediação, criando necessidades novas e diferentes, que levam a existência a um nível mais alto quanto ao potencial de desenvolvimento humano.

A mediação da transcendência cria no ser humano uma grande diversidade de possibilidades de ação e reação, cujo significado é a flexibilidade e criatividade de resposta resultantes, que permitem uma propensão à modificabilidade permanente para se adaptar a novas situações.

Como com muitos outros aspectos da MCE e EAM, as descobertas da nova neurofisiologia, particularmente sobre os neurônios-espelho, fazem com que o mecanismo de transmissão que ocorre na mediação da transcendência seja mais compreensível não apenas de uma perspectiva cultural, mas também neurológica.

## A mediação do significado

O terceiro componente, que é essencial para a existência de interações com valor de mediação, é a mediação do significado. O mediador não se contenta com a transmissão de conteúdo para a criança, e também deve responder a perguntas como: "Por que este conteúdo é importante? Por que precisa ser aprendido?"

Desta forma, o mediador cria na criança uma capacidade motivadora, que constitui uma razão para aceitar a mediação, aproveitá-la e usá-la. A mediação do significado é o que cria as forças motivacionais e emocionais que impulsionam nossa atividade e comportamento. A mediação de significado contribui de duas formas para a qualidade e para a formação da interação:

- O significado faz com que a mensagem do mediador seja entendida e racionalizada, considerando a aplicação e ampliação para além da situação imediata.
- A mediação do significado levanta a necessidade de o receptor olhar para significados mais profundos e pessoais para si mesmo.

Examinaremos a primeira contribuição para o significado usando um exemplo frequente da interação entre mãe e filho:

> Ao ver o filho chegando perto do fogo, a mãe grita: "Não!" Assumimos que a mãe criou uma interação com significado – impediu que a criança se aproximasse do fogo e salvou sua mão de uma queimadura. Mas indagamos: é uma interação com valor de mediação? Após o grito da mãe, o que a criança absorve, ao ponto de afastar a mão do fogo? O grito fará com que evite tocar na tomada? Também saberá que deve se afastar de outros tipos de fogo? A criança saberá como distinguir quando estende a mão em direção ao perigo e quando não há perigo nenhum, ou evitará pôr a mão em tudo por causa do grito da mãe?

Em uma situação de perigo, o grito é muito importante. A criança não precisa queimar a mão para aprender com a experiência. Mas o valor da mediação do grito é muito limitado. O grito só terá valor se for ouvido em um período de tempo próximo ao evento e seguido de uma explicação que fará com que a criança entenda por que deve evitar se aproximar e tocar o fogo. No entanto, isto deve se estender para além da exposição imediata, considerando qualquer coisa cuja temperatura seja tão alta que possa causar queimadura. Logo, quando a criança retira a mão, precisamos nos perguntar se a mão guardou alguma informação ao retroceder. A mão respondeu apenas à mensagem que passou por ela ou a informação fará com que seja estendida ou não estendida em diferentes situações, em outros lugares e em outros momentos? Há um perigo potencial aqui. É necessário ter cuidado para que o grito da mãe não seja generalizado para outras situações que não são perigosas, e que o grito não seja projetado para qualquer situação de risco, desafio ou novidade que, eventualmente, limite as opções de comportamento da criança.

A transmissão do significado do mediador para o receptor, seja criança ou adulto, levanta uma potencial questão ética – o que dá a outra pessoa o direito de impor seu significado subjetivo a outros indivíduos? Realmente, em muitas culturas, observamos tendências crescentes que levam à redução de intervenções mediadas e limitam interações apenas à satisfação das necessidades primárias e estímulos considerados essenciais para o desenvolvimento da criança. Isto é visto entre pais e educadores que questionam a base ética da mediação de significado. Tal tendência se tornou parte da ideologia de muitos educadores, de acordo com os quais a transmissão de significado por um mediador com intenções não é algo desejado, pois se aproxima demais ao dogmatismo e à doutrinação.

Aqueles que seguem esta ideologia ignoram as limitações e os danos de uma interação que rejeita a mediação de significado. A ausência de significado influencia tanto o mediador (ou professor) e o aluno (ou mediado), do ponto de vista da quantidade de interação, de sua natureza e de sua força – não apenas entre o professor e o aluno, mas também entre ele (o organismo) e o ambiente. Nas interações que rejeitam a mediação de significado, também faltam componentes emocionais. Um pai ou qualquer outro mediador que não transmite significado para suas crianças empobrece suas vidas não apenas de conteúdo, valores e motivos, mas também os priva da propensão e necessidade de buscar, e até mesmo construir por si mesmo o significado de suas vidas e ações.

Aqui chegamos à segunda contribuição da mediação de significado – a criação da necessidade do aprendiz de procurar significado por si mesmo, o que se refere apenas à busca por um significado específico que o mediador tenta passar, mas também à busca por associações e conexões entre acontecimento e fenômenos, no sentido mais amplo de causa e propósito. Os significados específicos mediados para a criança, por um mediador adulto, podem ser esquecidos ou modificados com o tempo. Mas o ímpeto e a busca de sentido, incutidos pelo mediador, se tornam uma necessidade existencial permanente. Seres humanos sem este direcionamento, que não buscam significado, são privados no senso cognitivo e emocional, e em todos os elementos que afetam as dimensões motivacionais e energéticas da vida.

A tendência do indivíduo de buscar e construir significado para sua vida é o fator e a força motriz das transformações e desafios que irá enfrentar, porque transições e mudanças durante a vida requerem que a pessoa adapte as novas situações aos significados que foram dados a situações anteriores na vida.

## Estabelecendo condições para a EAM: um resumo

A mediação é, portanto, um fenômeno universal, que não depende de idioma, conteúdo, cultura, localização geográfica ou qualquer outra variável. É isto que faz os humanos capazes de se adaptarem a mudanças e transições na experiência de vida, transmitindo sua cultura de geração para geração. Para que a interação tenha valor de mediação, esta deve incluir, por meio de uma atividade consciente, as características de intencionalidade e reciprocidade, a mediação de transcendência, e a busca por (e descoberta de) significado, segundo o modo de pensamento do mediado, além de outras.

A Experiência de Aprendizagem Mediada, como interação com qualidade única, é o que cria nos seres humanos a flexibilidade, sensibilidade, prontidão e desejo por entender o que acontece, além de incentivar a capacidade de generalizar para além deste fenômeno isolado. A mediação de transcendência é responsável pela expansão constante do sistema de necessidade humana para além das necessidades biológicas primárias, considerando mais necessidades especiais espirituais, morais e estéticas. De todas as características da Experiência de Aprendizagem Mediada, a mediação de significado é a mais determinante (e contribui) para nossa herança cultural. O significado reflete valores, costumes e normas que regulam e moldam comportamentos compartilhados e herdados. Porém, acima de qualquer experiência cultural, a qualidade mediada de significado é expressa pela mudança que traz no aprendizado – fazendo com que seja entendido, fortalecido, integrado e, em última análise, internalizado como sistema de princípios cuja força-mestra está além do conteúdo específico no qual foi adquirido.

# 7

## Mediação para a diversidade humana

### Construindo atitudes positivas com relação ao aprendizado

No capítulo anterior, descrevemos os parâmetros universais essenciais para a interação com qualidade de mediação. Estes parâmetros são responsáveis pela flexibilidade, plasticidade e modificabilidade necessárias comuns a todas as pessoas, onde quer que estejam.

Existem, porém, outros aspectos importantes da Experiência de Aprendizagem Mediada (EAM) que contribuem para a diversidade do aprendizado e desenvolvimento humano e serão descritos neste capítulo. Trata-se das dimensões da EAM que refletem o desenvolvimento das reações únicas e potenciais de modificabilidade para cada ser humano e cada cultura. Estes aspectos derivam de situações específicas nas culturas às quais o mediador e mediado pertencem. São um reflexo da cultura e das características únicas de cada ser humano, são responsáveis pelas vastas diferenças na qualidade das interações entre pais e filhos na mesma família, e até mesmo entre pais e seus filhos gêmeos.

Identificamos nove aspectos que, em contraste com as três características essenciais discutidas no capítulo anterior, têm o potencial de enriquecer o caráter da EAM. Para reiterar sua importância, estes aspectos são responsáveis pela diversificação entre culturas e seres humanos. Não conseguimos explicar a origem desta diversificação, a não ser apontando para os processos de mediação responsáveis pela transmissão de valores, estilos, áreas de interesse e formas de comportamento.

Estes aspectos foram escolhidos a partir de dois pontos de vista: o primeiro considera as necessidades particulares do nosso tempo, que exige constante adaptação às mudanças tecnológicas e culturais impostas sobre nós; e o segundo foca nos indivíduos que, por vários motivos, não tiveram acesso suficiente à EAM.

Ofereceremos breves descrições de cada aspecto.

## A mediação da sensação de competência

Para agir com competência, cumprir desafios e lidar com situações novas, o indivíduo deve sentir que é competente para controlar estas situações, vencer dificuldades, se familiarizar com o novo e o desconhecido, além de abordar desafios com a expectativa de conseguir vencê-los.

Devemos distinguir entre a sensação de competência e a competência em si. Indivíduos podem ser competentes e capazes sem se sentirem assim. Muitas pessoas funcionam abaixo do esperado porque lhes falta *noção* de competência, muitas vezes apesar de sua habilidade real. Ocasionalmente, grandes artistas relatam que se sentem como impostores, aparentando ser mais do que realmente são. Este sentimento expressa uma falta de noção de competência, valor próprio e autoestima. Tais indivíduos sentem, sem justificativa, que estão enganando o público, como se o que estão mostrando não estivesse ao seu alcance.

A sensação de competência não passa a existir no ser humano por conta própria, e não é um produto inevitável das condições da existência humana. O desenvolvimento da sensação de competência requer uma experiência positiva de *feedback*. Por exemplo, considere um mediador que interpreta o comportamento do mediado como demonstração de controle e habilidade e traz isso ao seu conhecimento, criando não apenas a competência para se fazer coisas, mas também, e mais importante, a sensação de competência para realizá-las.

Para criar no mediado a sensação de habilidade, o mediador designa tarefas que estão situadas a certa distância do alcance imediato e, portanto, requerem esforço. O mediador fornece ao mediado ferramentas para lidar com novas tarefas e explica o consequente funcionamento bem-sucedido (com ajuda da mediação) como expressão de competência.

Esta função do mediador, apesar de parecer ser simples, é difícil para muitos mediadores. Vamos observar, por exemplo, o comportamento de uma mãe que nada com sua filha em uma piscina:

> A mãe, que nada mais rápido que a filha, diz para ela: "Viu, terminei primeiro!" E repete isto algumas vezes. A menina tenta lutar contra a injustiça da competição e diz: "Mas eu estava cansada... mas você é muito mais comprida do que eu". Suas reclamações são rejeitadas pela mãe, que novamente repete: "Mas terminei antes que você".

A mãe tentou fazer a menina ter sucesso, impulsionando-a para maiores realizações do que ela era capaz em sua idade. Porém, esta experiência não despertou na menina uma sensação de competência. A partir deste encontro, talvez ela não se considere uma pessoa com habilidade – mesmo que tenha realizações melhores no futuro.

Infelizmente, esta atitude é muito difundida em escolas contemporâneas, de diversas culturas, que consideram que a melhor forma de fazer crianças serem bem-sucedidas é avaliar suas produções e atribuir notas quando forem perfeitas. No entanto, com frequência, esta abordagem tem impacto negativo sobre a noção de habilidade, mesmo quando aumentam as realizações imediatas. Com isso, muitas crianças alcançam resultados inferiores como consequência de *feedback* generalizado e injusto. Se a nota não reflete o nível imediato de funcionamento ou de melhoria que o aluno alcançou com relação ao desempenho inicial, haverá apenas uma comparação geral com os colegas, sem a sensação de conquista, o que pode aumentar a noção de incompetência. Consequentemente, o investimento e esforço dos alunos decai, e, no fim, provavelmente serão vistos como falhas, apesar do desempenho objetivamente positivo. Não é difícil perceber como isto pode levar a consequências de longo prazo, como o desengajamento afetivo e desistência dos estudos.

Para criar nos estudantes uma noção de habilidade e competência, o mediador deve iniciar interações mediadas com este objetivo. Para isso, é necessário oferecer ao aprendiz interpretações de experiências de sucesso que viveu, para que perceba o significado de seu sucesso e a relação entre a prova de sua habilidade em uma tarefa e futuros sucessos em outras tarefas.

A noção de habilidade e competência provavelmente terá função crucial na adaptação do indivíduo a novas situações, porque isso é fundamental para ter a coragem necessária para assumir desafios, investigar realidades e realizar tarefas novas e não familiares. As condições da sobrevivência humana não criam no sujeito, necessariamente, a noção de competência, que resulta da mediação, cujo mediador interpreta diversas respostas como expressão de vontade e habilidade. Em geral, então, a noção de competência deriva de uma prontidão do ambiente (interpretado pela EAM) de claramente mostrar as ações e o sucesso de uma pessoa como expressão de habilidades que, muitas vezes, vão além dos sentimentos subjetivos e avaliações de seu valor (para si e para outros).

## A mediação da regulação e do controle de comportamento

A regulação do comportamento gira em duas direções. A primeira é o controle das reações. Quando encontro um estímulo qualquer, tenho a tendência de reagir imediatamente, mas me controlo, dando tempo para pensar, verificar se disponho de todos os dados necessários para responder de forma adequada, e, se me faltam dados, procurá-los antes de agir. A regulação do comportamento deve ser, portanto, um ato voluntário, resultado da decisão de adiar minha reação até verificar a situação à qual estou exposto. Mas a regulação do comportamento também tem uma segunda direção oposta, pois há situações que demandam uma reação ágil, uma ação rápida, como situações de emergência. Nestas condições, a regulação do comportamento segue uma linha diferente, encorajando reações rápidas e em tempo hábil para ajudar aqueles que estão paralisados a reagir.

A regulação do comportamento é, portanto, produto da habilidade do indivíduo de transpor pensamento em ações, examinar a si mesmo, avaliar a situação e, então, decidir como e quando reagir. Para regular o comportamento do mediado, mediadores precisam agir em duas etapas: na primeira, dão ao mediado a habilidade de aplicar funções cognitivas que permitirão o desempenho das ações exigidas, para que possam decidir como responder.

Na segunda etapa, o mediador precisa calibrar o *insight* que o mediado recebeu com relação ao processo de planejamento, avaliando a situação. O mediador precisa considerar os dados e seu significado, decidir se dará continuidade à reação inicialmente planejada e, caso siga em frente, deve transferir ao mediado a habilidade de decidir como, onde, quando e de que forma implementar isto.

Este aspecto, usado na psicologia cognitiva, é próximo ao conceito de metacognição. Estes processos de pensamento são frequentemente vistos com impaciência por professores que consideram o aluno um produto. Em tais situações, professores podem interpretar a demora da resposta como evidência de falta de domínio do material estudado. Aqui, para mediar a regulação e o controle de comportamento, o mediado deve considerar os comportamentos e as reações potenciais, pensar sobre elas, analisá-las, e, por fim, generalizar a partir delas.

A mediação da regulação de comportamento, no sentido de restringir a impulsividade e atrasar a ação, não é interpretado da mesma forma em todas as culturas. Há culturas que não incentivam o adiamento do prazer e o planejamento do comportamento. Nestas culturas, respostas impulsivas e não controladas a determinados estímulos (como em situações de tragédia, falha e comportamento ruim) são até encorajadas. A complexidade de nossa vida, e as condições nas quais somos chamados a reagir, faz com que a habilidade de regular o comportamento, de forma social e culturalmente apropriada, seja fundamental para nós. Portanto, mediadores em todas as estruturas educacionais devem mediar não apenas a habilidade, mas também a orientação e o conhecimento da necessidade de regular o comportamento.

## A mediação do comportamento solidário

Em nosso mundo, no qual existem muitas situações de alienação social, onde o individualismo é crescentemente valorizado e é, muitas vezes, extremo, a habilidade de compartilhar experiências com outros seres humanos e participar de suas experiências é necessária e desejável.

Nas grandes cidades, centenas de pessoas podem viver no mesmo prédio, fisicamente próximos, e não se conhecerem ou se cumprimentarem ao se encontrarem por acaso. Portanto, a necessidade primária (e alguns diriam existencial) dos seres humanos de compartilharem experiências com o próximo está diminuindo. Talvez seja mais seguro e imediatamente confortável reduzir ou evitar potenciais áreas de atrito. Mas, para muitos, a consequência é uma sensação de isolamento e até mesmo alienação social.

A interação mediada do comportamento solidário tem como objetivo restaurar em nós a disponibilidade e a habilidade de fazer contato e encontrar outros seres humanos, aumentando a nossa habilidade de ficar próximo um do outro, nos ajustarmos ao outro, receber inspirações e apoio do outro, e criar harmonia entre nossas experiências.

Existem culturas em que a participação cognitiva, emocional e até mesmo ritual com o próximo representa uma necessidade central do indivíduo. Ainda me lembro da vergonha que senti, anos atrás, quando recebi a tarefa desagradável de relatar o comportamento inapropriado de uma jovem para seus pais.

> A mãe chorou alto e convidou todos os vizinhos para ouvirem como ela estava triste. A notícia se espalhou rapidamente, mulheres e crianças entravam chorando e lamentando, enquanto a mãe repetia o tamanho da vergonha e da dor que a filha havia impingido sobre a família. Ao invés de esconder sua vergonha, a mãe transformou isto em conhecimento público.
>
> De forma similar, no colégio interno, muitas crianças tornam públicas notícias extremamente desagradáveis recebidas em cartas de familiares, como se a única forma de viverem a realidade da carta fosse aumentar seu significado, compartilhando com outros.

Outras culturas valorizam o segredo e o direito do indivíduo à absoluta privacidade. Às vezes, a necessidade por privacidade alcança tais proporções que uma pessoa não deve aparecer diante de outra durante a refeição. Mas, apesar das diferenças entre culturas, alguns aspectos das experiências interpessoais compartilhadas são um fenômeno universal, vivenciado em estágios muito iniciais da vida. Crianças tendem a apontar para tudo que veem, como se buscando (e precisando) compartilhar com outros a experiência que tiveram. Em etapas futuras, outras manifestações de emoção, como chorar ou rir, constituem uma forma do "Eu" se impor sobre o outro, com esforço potencial de fazer alguém além de si mesmo a participar de uma experiência emocional.

Em nossos dias, a necessidade e a disponibilidade de compartilhar as nossas experiências e participar das experiências dos outros é uma necessidade de adaptação. Nas condições sociais em que uma pessoa pode se encontrar, o valor educacional da mediação solidária não se limita ao aspecto emocional, mas há nela o potencial de enriquecer o tesouro de comportamentos mentais e cognitivos de uma pessoa. Um dos maiores exemplos disto é a pessoa autista cuja pobreza espiritual vem da inabilidade de compartilhar com seu próximo e participar de experiências compartilhadas.

A mediação do comportamento solidário também tem duas direções. O receptor do que compartilho participa no que é significativo para mim, confirmando minha experiência, e eu me ouço transmitindo minha experiência para outros, reforçando o significado e a integridade da minha experiência.

## A mediação da individualização e da diferenciação psicológica

Em paralelo à mediação de compartilhar, e talvez em contraste, não é menos importante construir no ser humano um sentimento de individualização, de ser uma entidade separada, com o direito de pensar e se expressar de uma forma especial que o distingue dos outros. O que em primeira reflexão parece paradoxal (compartilhar *versus* individualizar) não é contraditório, na verdade é complementar no ser humano.

Somos indivíduos, mas, ao mesmo tempo, pertencemos a e com outros, nossos pais, nossas famílias, nossas comunidades, nossas culturas, tanto como parceiros quanto como indivíduos separados distintos. Hoje, uma pessoa flexível precisa ter estes dois componentes juntos, ou seja, é preciso ser você mesmo, enquanto também é parceiro dos outros. Professores que sabem como mediar estes dois lados tornam seus pupilos capazes de expressar suas próprias posições, sem impor um ou outro aspecto de suas experiências.

Mas, infelizmente, isto não costuma acontecer. Em geral, os estudantes são levados a fazer com que seu estilo e suas atitudes correspondam ao que é aceitável para o professor. Cada vez mais, em muitas culturas, a falta de individualização se tornou a norma.

A necessidade de individualização e diferenciação psicológica não é observada da mesma forma em todas as culturas ou famílias, e sofre grande influência das demandas sociais, mais que qualquer outro componente. Por exemplo, podem ser encontradas entre culturas grandes diferenças com relação ao conceito de dependência e independência para homens e mulheres, proveniente de distintas funções que cada sociedade determina para os gêneros. Na cultura ocidental, a necessidade por individualização e diferenciação psicológica se destaca. No entanto, mais do que de uma ação dirigida e suportada por um mediador, isto pode derivar da ausência de uma interação que inclua a mediação, o que leva as crianças a uma situação prematura de independência.

A individualização e a diferenciação psicológica podem ser desenvolvidas por meio de um processo de mediação, que é precedido e acompanhado pela mediação do comportamento compartilhado e do envolvimento emocional, junto com a mediação de significado e transcendência, e de intencionalidade e reciprocidade, que são as bases da interação mediada (o que chamamos de condições básicas para a EAM no capítulo anterior). Desta forma, a sensação de rejeição e abandono pode ser evitada – crianças cujos níveis de confiança são fortalecidos por processos de mediação demonstram mais habilidade de se perceberem como entidades separadas e independentes, tendo ligações emocionais que continuam para além da separação que está baseada no espaço e no tempo.

Por outro lado, crianças que não foram fortalecidas por meio da mediação reagem com pânico quando separadas de seus pais, de elos familiares ou longe de casa, porque é difícil para elas se imaginarem vivendo sem a presença física destas conexões.

A consciência do mediado quanto à legitimidade das diferenças de opiniões, tendências, desejos e estilos, sem necessariamente aceitá-las, é uma condição importante para um processo adequado de individualização. A mediação que procura e valoriza diferenças entre indivíduos e seus comportamentos únicos leva à formação de uma autopercepção distinta e aceitável com relação a outros.

Por outro lado, se a individualização é criada por meio da separação física forçada, sem a mediação prévia que descrevemos anteriormente neste capítulo, ela não levará à verdadeira diferenciação psicológica. Em muitos casos, isto constitui a base para o desenvolvimento de uma personalidade extremamente egoísta e egocêntrica, que não identifica seus limites e, portanto, não se percebe como entidade distinta e independente.

Um bom exemplo de desenvolvimento é o bebê que, em seus primeiros dias, não faz distinção entre si e sua mãe. No momento em que a separação entre eles começa a ser reconhecida (em um processo de individualização e diferenciação), inicia-se um processo de conexão, incluindo um potencial de estranhamento, que é, de fato, um sinal de seu processo de desenvolvimento como entidade humana. Como diz o filósofo Martin Buber, para que haja relações precisa haver distância. Portanto, quanto maior a distância (potencial), mais profundo pode se tornar o relacionamento.

## A mediação da busca, estabelecimento e conquista de objetivos

Quando o indivíduo tem um objetivo em seu repertório mental, estabelece-se o início de uma modalidade representacional (abstrata) de pensamento. O mediador apresenta para o mediado uma variedade de possíveis objetivos, muitos dos quais aumentam a esfera de consciência do mediado com relação ao que é possível, desejável e alcançável. A conquista de objetivos apresenta uma imagem do futuro, cada vez mais distante, exigindo a rejeição de gratificações mais imediatas, e criando uma tensão entre a vontade – a necessidade – e sua realização.

Suprir a necessidade é um objetivo distante no tempo e em lugar. A possibilidade de viver e experimentar não o que existe, mas o que é desejável – em potencial, antecipado – e a habilidade de colocar objetivos que estão situados à distância, é o que faz o ser humano usar formas abstratas de pensamento – a imaginação – na representação do que ainda não existe.

Ao colocarmos objetivos para nós mesmos como mediadores, e ao afastá-los do mediado, contribuímos com a diminuição das necessidades e impulsos que demandam a satisfação imediata. Este processo tem uma função extremamente importante na estruturação de operações mentais mais refinadas, que caracterizam a inteligência humana. A habilidade de estabelecer objetivos, escolher uns em detrimento a outros, e adquirir os meios para alcançá-los, pode ser criada pelo mediador no mediado, e permite alcançar níveis mais altos de funcionamento.

Estabelecer objetivos distantes e investir em planos e ações para alcançá-los, apesar do fato de serem alcançados apenas no futuro, é o que cria valor transcendental, ampliando o campo mental e expandindo o senso de tempo e espaço. Talvez este seja um motivo por que o gênero literário de ficção científica é tão popular e atraente.

Um exemplo disto pode ser encontrado na parábola do idoso que planta uma árvore de alfarroba. Um passante pergunta: "Por que está plantando esta árvore? Certamente sabe que não comerá seu fruto, pois a árvore levará setenta anos para produzi-lo". O idoso responde: "Sim, eu sei, mas se meus pais não tivessem feito o que faço hoje, eu não teria comido alfarroba".

## A mediação da busca por desafio, novidade e complexidade

Aceitar um desafio significa estar pronto para se envolver não apenas na área familiar na qual estamos acostumados, mas também em áreas novas e complexas. Existem culturas que têm o cuidado de não oferecer tais desafios ao jovem, talvez para poupar a criança da frustração, desconforto ou fracasso. Mas, no mundo moderno, com suas rápidas mudanças, o indivíduo será incapaz de se adaptar se não cumprir os desafios do novo e do não familiar.

O desafio é, em sua essência, distante de nós. Mencionado na mediação de transcendência e no alcance de objetivos, precisamos nos referir novamente ao elemento da distância. Cumprir um desafio é acompanhado pelo distanciamento, pois nos relacionamos com algo que não existe ao nos engajarmos agora para alcançar possíveis resultados no futuro, que podem não ser antecipados imediatamente.

Mediar o comportamento desafiador deve ser um objetivo para todos os programas que buscam aumentar a adaptabilidade do indivíduo para as mudanças e complexidades do nosso mundo. O indivíduo de hoje precisa lidar com tarefas complexas e nunca antes vividas. Respostas como "Não ouvi", "Não aprendi", ou "Nunca realizei tal tarefa", são disfuncionais em situações de mudança constante. A prontidão para aprender e se deslocar de situações conhecidas para desconhecidas, além de não desistir diante de novidades desafiadoras e complexas, são habilidades essenciais para nossa adaptação. A interação da EAM tem função importante nesta realização.

A forma mais eficiente para a criança responder positivamente a situações desafiadoras é encorajar pais e cuidadores a evitar a superproteção em situações sem perigo. Diferenças observadas nas reações de indivíduos a novas comidas, novas roupas e novas demandas apresentam desafios, que podem ser mediados para encorajar a curiosidade, a aceitação e eventual expansão do repertório de experiências do aprendiz. Uma diferença significativa entre culturas é a forma como os indivíduos devem encarar desafios. Observamos que crianças que raramente foram mediadas para aceitar e vencer desafios ficam literalmente imobilizadas quando, na fase adulta, devem responder a demandas novas ou cambiantes.

## A mediação da consciência de ser modificável

Além das mudanças biológicas e do crescimento associado à idade, os seres humanos devem se perceber, e serem percebidos pelos outros, como detentores de uma identidade contínua. Mas isso significa que também devem se ver como sendo imodificáveis, com características intrínsecas e não alteráveis? Na medida em que isto é vivido ou esperado (implícita ou explicitamente), existe o perigo de que um tipo de pessimismo permeie os sistemas educacionais e todas as áreas das vidas das pessoas em geral. Esta abordagem pessimista claramente vem de uma visão determinista, de acordo com a qual a probabilidade de mudança é extremamente baixa. Isto leva a uma enorme diferenciação em tudo que diz respeito ao estabelecimento de objetivos e à escolha de meios de alcançá-los na educação, no trabalho, na reabilitação e até mesmo no sistema penal. A partir deste ponto de vista determinista, quem mostrar sinais de desenvolvimento adequado não precisa investir esforços, e quem mostrar sinais de desenvolvimento inadequado não se beneficia do esforço.

A ideia de que o ser humano é modificável, sem conexão com o desenvolvimento determinados por fatores biológicos, não é aceita (mesmo em culturas que se consideram abertas e individualistas). Frequentemente, ouvimos pais e professores dizerem: "O que mais se poderia esperar dele? Você sabe como ele é. Ele não muda, não vai mudar. Podemos prever o que ele vai fazer, como vai se comportar e o que vai alcançar".

Isso pode levar a dois resultados desastrosos. Aqueles que funcionam bem podem não fazer o suficiente, ou não fazer nada, para manter seu nível de desempenho ou melhorá-lo. Talvez isto explique por que crianças com altas habilidade têm baixo desempenho. Por outro lado, por que pessoas com baixo funcionamento deveriam investir esforços para melhorar sua situação se elas (ou as pessoas a sua volta) estão convencidas de que a situação é imodificável?

A teoria da existência de traços inatos atrapalha e prejudica a possibilidade de modificabilidade, que é crucial para a adaptação. A pessoa diz: "Como poderei fazer isto? Eu sou assim. É assim que todos me conhecem e é assim que serei". E se ousar pensar na possibilidade de se modificar, alguém terá o cuidado de dizer (direta ou indiretamente): "Olha, não esqueça quem você é. Afinal, nós te conhecemos!"

Portanto, o mediador deve trabalhar ativamente para criar no indivíduo a convicção de ser modificável. Pais que apontam como seus filhos mudaram para melhor, após determinadas ações, criam neles a consciência da possibilidade e necessidade de fazer um esforço para alcançar seus objetivos de desenvolvimento e melhoria. A mediação da modificabilidade, como uma característica unicamente humana, é essencial para aumentar o potencial do mediado de se adaptar por meio da experiência de uma autoplasticidade, uma adição bem-vinda (mas não substitutiva) para a preservação da identidade.

Acreditar na habilidade do indivíduo de aumentar sua modificabilidade levará educadores a buscar por sinais de mudança durante as avaliações, bem como a realizar um prognóstico mais dinâmico (e otimista), que leve em consideração as mudanças que ocorreram, em vez de se basear unicamente no nível de funcionamento existente. Esta postura otimista gera perspectivas de um funcionamento melhor no futuro.

Os procedimentos e instrumentos que desenvolvemos para avaliar (em oposição a testar) a modificabilidade do examinado, que denominamos Abordagem da Avaliação do Potencial de Aprendizagem (LPAD), são baseados nesta crença. O capítulo 10 é dedicado ao LPAD.

## A mediação de alternativas otimistas

Quando apresentadas diferentes possibilidades de ação ou escolha, algumas pessoas tendem a selecionar a alternativa pessimista. Infelizmente, isto pode ser uma profecia autorrealizadora.

Às vezes, a postura pessimista tem um objetivo mágico. Para não "dar ao diabo a chance de nos machucar!", ou, pelo contrário, para nos defender de decepções, nos preparamos para os piores resultados, estando, assim, com um tipo de controle. A escolha da alternativa pessimista induz à passividade: "Eu não tenho chance nisso, então não vale o esforço". Por outro lado, a escolha da alternativa otimista – saber que é possível – cria na pessoa o impulso para mobilizar os meios e forças necessários para realizar isto. Também impõe a responsabilidade de agir para materializar o que consideramos possível.

Na mediação com crianças, introduzimos a busca por uma alternativa otimista nos primeiros estágios de desenvolvimento, levando-as a esperar resultados positivos: "Será divertido", "Será gostoso", e assim por diante. A busca por uma alternativa otimista, e a entrega da expectativa, nos leva a procurar e aceitar mudanças e aumenta nossa prontidão para atacar fatores ambientais que ameaçam nosso equilíbrio físico e mental. Desta forma, permitimos o desenvolvimento de estratégias que se tornam as operações mentais de situações encontradas e transcendem para futuras soluções que serão vividas.

## A mediação do sentimento de pertencimento

A importância da mediação do sentimento de pertencimento varia de uma cultura para outra. As sociedades ocidentais modernas focam nos direitos do indivíduo e limitam a disponibilidade de abrir mão disto para pertencer a uma entidade maior. Sociedades mais tradicionais tendem a dar preferência ao pertencimento, preparando indivíduos para entregar grande parte de sua liberdade e individualismo em troca de pertencer a um grupo de referência.

O fenômeno da alienação, que podemos identificar em décadas recentes em sociedades ocidentais ou "ocidentalizadas", é fortemente ligado ao isolamento do núcleo familiar, que se afasta dos grupos sociais maiores aos quais é esperado pertencer (implicitamente). Deste isolamento derivam defeitos cognitivos, emocionais e sociais. Pertencer apenas ao núcleo familiar, sem ligação com uma família estendida, muitas vezes cria uma falta de conexão com os aspectos geracionais que são significativos em nossas vidas. A falta de verticalidade na experiência familiar leva à falta de continuidade, além do tempo e do espaço. Portanto, desenvolve-se um sentimento de alienação da família, de si e da comunidade.

A mediação do sentimento de pertencimento é particularmente importante quando o núcleo familiar isolado oferece segurança limitada, quanto a sua estabilidade estrutural. Considere a incidência de divórcio, abandono, isolamento físico, famílias monoparentais, e diversas outras condições similares que são crescentemente experimentadas em diversas culturas.

Nos três capítulos anteriores, descrevemos a Experiência de Aprendizagem Mediada (EAM) como uma interação que possui uma qualidade especial, única aos seres humanos. A mediação entre um ser humano e o mundo não é aleatória, mas deriva da interação entre o mediador e seu desejo de transferir isto ao mediado. Isto não é menos verdade no sentimento de pertencimento, e está intimamente relacionado aos parâmetros da EAM, que o precedem e suportam – a transcendência da experiência imediata, o alcance de objetivos significativos, o compartilhamento de experiências humanas e assim por diante.

## A importância dos aspectos "situacionais" da EAM

Estes são os fatores que criam nos indivíduos as condições necessárias para que se beneficiem das diversas possibilidades de aprendizagem, por mais aleatórias e fortuitas que possam ser. Existem três características da EAM que são universais e encontradas em todas as culturas – em todo lugar que os seres humanos tentam transferir suas mensagens para a próxima geração. São elas *intencionalidade / reciprocidade, transcendência* e a *mediação de significado*. Reiteramos que a EAM não é eficaz sem estas características, que formam a base da experiência de aprendizagem.

Neste capítulo, focamos nas características adicionais da interação que ocorre por meio da mediação. Estas características criam as diferenças entre pessoas e entre culturas. Existem diferenças marcantes entre culturas com relação ao grau de importância que dão à EAM. Porém, o mediador deve estar alerta e pronto para explorar estas situações quando apropriado. Do contrário, poderá perder importantes oportunidades.

## As diferenças entre EAM, criação de filhos e ensino

Queremos tratar de mais uma questão que surge com alguma frequência, porque sua resposta constitui uma boa forma de resumir as características da Experiência de Aprendizagem Mediada: Qual é a diferença entre a interação da EAM e o ensino "regular"? Não podemos dizer que, considerando suas funções, professores e pais são mediadores por definição?

Respondendo a esta questão, devemos examinar as diferenças entre as duas formas de interação – a função de mediação e a interação pedagógica ou criação de filhos. Apesar de, na prática, encontrarmos elementos em comum nas duas funções, elas são claramente diferentes.

- O mediador se coloca entre o estímulo (S) e a resposta (R), de forma que o aprendiz recebe as ferramentas necessárias para lidar com o estímulo e é capaz de interagir com ele gradualmente (p. ex., aumentando o nível de dificuldade da tarefa ou regulando a quantidade de dados apresentados). Em contraste com esta postura (e intencionalidade), o professor ou pai frequentemente se coloca no lugar do aprendiz e tenta demonstrar como ele deve lidar com o estímulo ou situação apresentada.

- A mediação é designada para aumentar a habilidade de aprendizagem e modificabilidade do aprendiz. A função de ensino ou criação, por outro lado, tem o objetivo de transmitir a maior quantidade possível de habilidades, conhecimento e informação, geralmente em resposta a áreas específicas de conteúdo ou tarefas a serem completadas.

- O critério de sucesso da experiência de mediação é a modificabilidade do aprendiz e sua independência. A interação normal de ensino ou criação mede o sucesso por meio do nível de alcance do aprendiz em testes, ou habilidade em tarefas específicas, que indicam até que ponto o comando foi absorvido.

• Na interação entre os três lados da EAM (o professor ou pai, o aprendiz e o que deve ser aprendido), existem características diferentes em cada abordagem, com uma transformação mútua (veja uma discussão destas transformações em seção anterior deste livro). Na mediação, o mediador traz o aprendiz para a tarefa, direciona atividade para a solução, cria condições que permitem ao aprendiz chegar de forma independente na resposta correta, encoraja sucessos e reforça a sensação de competência. O mediador impede que o aprendiz cometa erros e constrói situações de aprendizado com a intenção de sucesso. Esforça-se consideravelmente para desenvolver o aprendizado e processos de pensamento do aprendiz, além da consciência de como eles ocorrem. Em contraste, o professor ou pai foca em trazer o material, corrigindo respostas incorretas, tratando da maior quantidade de material possível, visando em respostas corretas ou positivas, e não foca necessariamente (ou explicitamente) nos processos (estratégias) usados para chegar nelas.

Aceitamos que professores treinados e eficientes, assim como pais ativos e preocupados, engajarão em muitas interações de mediação, integrando-as ao processo de aprendizado, mas podem não fazer isto de forma sistêmica e intencional. Além disto, em situações de necessidade educacional ou parental, as estruturas nas quais suas funções e atividades características são conduzidas estão longe de serem ideais para atingir objetivos da EAM. No capítulo 13, lidaremos com as características ambientais que permitem ou impedem a mediação.

Ao mesmo tempo, reconhecemos que existem interações diretas necessárias com o mundo, e uma necessidade de meios simples e diretos de transmissão de informação. Estas existem, e devem existir, em um sistema paralelo à EAM. O aspecto crítico é saber quando, como, onde e até que ponto ativar e nutrir as diferenças.

# 8

# A natureza do aprendizado na ausência da EAM

A mediação possui qualidades especiais, como descrevemos nos primeiros capítulos, mas esta não é a única forma por meio da qual o aprendiz faz contato com o mundo. Na vida, a maioria das interações entre a pessoa e o ambiente acontece diretamente, sem mediação. O mediador está posicionado entre a pessoa e o mundo, que atrai os sentidos do aprendiz, e, mesmo assim, faz a mediação espontânea apenas de uma pequena parte das interações potenciais por curtos períodos de tempo.

Porém, mesmo nestas interações limitadas, o mediador desenvolve no aprendiz as ferramentas necessárias para que a exposição direta ao estímulo traga benefício. Portanto, falamos da existência de duas modalidades paralelas de interação: a direta, que acontece a maior parte do tempo, e a mediada, com o poder de criar em uma pessoa os componentes necessários para a modificação.

A interação da EAM é capaz, portanto, de influenciar a qualidade da interação direta de uma pessoa com o mundo, e sua ausência pode resultar na falta de habilidade do aprendiz para alcançar os benefícios da superabundância de experiências de exposição direta. Encontramos muitas pessoas que não são capazes de se beneficiar do encontro direto com o mundo e com o estímulo ao redor. A ausência de exposição à EAM faz com que seja muito difícil alcançar algum benefício, até mesmo de suas próprias experiências.

## O que causa a ausência da EAM?

Geralmente, dois grupos de fatores são responsáveis pela ausência da EAM: um é o grupo de fatores ambientais e se manifesta na ausência de mediadores. O segundo é o grupo das barreiras internas que existem no aluno, que não permitem a recepção da mediação oferecida. Está ligado a componentes biológicos, psicológicos, físicos e mentais e fazem com que a pessoa esteja inacessível para a mediação.

Em determinados ambientes, existe uma cadeia de causas para a ausência da mediação: por exemplo, entre pessoas que estão em situações de pobreza física. A preocupação constante dos pais com a subsistência pode impedir a mediação com os filhos, prejudicando a transmissão de cultura para eles – as formas de pensamento que se desenvolveram neles como resultado de uma mediação cultural entre gerações. Então, a cadeia de mediação é quebrada, gerando uma ausência de mediação, quando pais que vivenciaram a mediação de sua cultura não a transmitem para seus filhos. Não realizam a mediação entre os filhos e o mundo – não interpretam, rotulam, identificam ou determinam significado para os fenômenos que seus filhos encontram. Portanto, uma criança sem mediação passa pelo mundo sem extrair algum benefício do contato com ele, tornando-se um adulto que não foi mediado e pode não mediar para seus filhos.

A cultura da pobreza, muitas vezes, cria uma situação em que é preferível que um indivíduo sobreviva no curto prazo, em vez de investir em qualidade de vida ou sobrevivência de longo prazo. Se é necessário cuidar dos meus filhos para que não morram de fome, não me preocupo se eles comem antes ou depois de lavar as mãos (ou se lavam as mãos), ou se comem no chão ou em cima da mesa posta. Em uma cultura de pobreza, a prioridade é a interação que permita a sobrevivência. A mediação da transmissão de valores, experiências e tesouros culturais do passado é colocada de lado e pode nunca ser alcançada.

Ao mesmo tempo, existem culturas nas quais pais pobres estão preparados para ficarem sem comida em prol da transmissão cultural para seus filhos. Há exemplos maravilhosos deste fenômeno em vilas na Polônia – mães abriam mão de sua fatia de pão para que os filhos pudessem ir à aula. Em outras palavras, onde existe a cultura de mediação, de transmissão cultural de geração para geração, as prioridades mudam mesmo em situações de duras lutas por sobrevivência.

## Mediando o passado e o futuro

A ausência de mediação cultural não existe apenas em sociedades pobres. Há sociedades que param de mediar seu passado para a geração seguinte e, assim, dão fim à sua existência como cultura única e separada. Não mediar o passado também significa não mediar o futuro, porque o futuro é uma função do passado. A ausência de mediação afeta não apenas o conhecimento da criança, mas também as dimensões de existência, que não existem a não ser que a pessoa se relacione com o passado. O filósofo Henry Bergson conectou o passado e o futuro muito bem quando os comparou ao processo de lançar uma flecha: Quanto mais esticada para trás estiver a corda, mais longe chegará a flecha.

Desejamos levantar uma pergunta que você pode ter feito ao considerar a metáfora de Bergson: Qual é a conexão entre a transmissão cultural e o lançamento de flechas? Ou, em outras palavras, por que mediar, de forma ativa e dirigida, o passado e a herança cultural é tão importante para construir o futuro?

Para responder a estas perguntas, vamos voltar por um momento e lembrar duas funções do mediador: transmitir conhecimento e experiência que não estariam acessíveis para o aprendiz sem sua participação e criar formas de pensamento e habilidades cognitivas no aprendiz que não existem se não em virtude da mediação.

Com relação à mediação do conteúdo ou, no senso mais amplo, a mediação do conhecimento, é importante lembrar que há conhecimentos que a pessoa nunca irá adquirir de forma espontânea, e só serão alcançados com o mediador. Aquele que cuida para trazer conteúdo para o mediado está exercendo a qualidade de intervenção que definimos e descrevemos como o aspecto de intencionalidade da EAM. Por exemplo, tudo que existe sobre o horizonte de tempo e nossa visão, como a infinidade do mundo, deve ser mediado para nós. Sem mediação, iríamos permanecer ignorantes, sempre tendo que "começar do princípio" e reativar todos os mecanismos de nosso pensamento. No fim, a existência do ser humano depende de (e deseja adquirir) entendimento e do conjunto de informações que abre a pessoa para o conhecimento da infinidade do mundo. Por outro lado, o que o indivíduo saberia sobre o passado se não fosse a mediação do que aconteceu antes do tempo que está sendo diretamente vivenciado, no agora? Assim, a mediação contribui para o senso de passado e futuro, além do presente.

A mediação é muito importante, pois enriquece o conhecimento e as dimensões da existência da pessoa. Mas pode ser menos interessante para aqueles que estão interessados no desenvolvimento da inteligência, pensamento e modificabilidade do potencial de aprendizagem do aluno. Nós estamos interessados na contribuição do mediador para o desenvolvimento da inteligência, e especialmente da capacidade de se modificar e adaptar a muitas situações às quais é exposta, lidando com isto constantemente.

É bem aceito que uma pessoa pode adquirir muito conhecimento sem mediação, porque ela vem ao mundo potencialmente equipada com habilidades que permitem o desenvolvimento continuado e progresso durante a exposição direta ao estímulo (S-O-R). Porém, a modificabilidade e a plasticidade que caracterizam o ser humano são dadas (facilitadas, elaboradas e assim por diante) por meio da experiência da mediação.

Aqui está uma das grandes diferenças entre nosso conceito e o de Piaget. Ele condiciona o desenvolvimento da inteligência humana à maturação do sistema nervoso. De acordo com Piaget, uma pessoa mantém interação ativa com o mundo de acordo com o nível de maturidade do seu organismo. Nós defendemos que o conceito de Piaget não permite que se explique por completo a existência de variações no desenvolvimento da inteligência e seus componentes – a modificabilidade da pessoa e a grande diferença entre as pessoas e seu nível de funcionamento.

## EAM e transmissão cultural

Assumimos que a herança cultural e suas necessidades coletivas são transmitidas para o indivíduo por meio da interação mediada de transcendência, e assim a cultura se perpetua com relação absoluta e direta com seu conteúdo, com sua riqueza linguística, que é manifesta na interação, ou com o nível de consciência do mediado no processo de transmissão em si.

Neste sentido, a mediação para a aprendizagem, e consequente aquisição de modificabilidade, não está ligada a conteúdo ou cultura específicos, independente de quanto conteúdo específico da cultura o indivíduo preserva. Portanto, a tendência de atribuir a existência da EAM (exclusiva ou predominantemente) à cultura ocidental, e não a países em desenvolvimento (o que era chamado de Terceiro Mundo), não tem base na realidade. Em países em desenvolvimento, existem muitas crianças que recebem mediação maravilhosa de suas famílias e comunidades: a criança iemenita e marroquina que aprende na escola, com base na comunidade e na cultura; as crianças que imigraram da Etiópia para Israel e recebem mediação intensiva em um ambiente diferente; as famílias beduínas que preservam sua cultura sob condições extremas de estresse econômico e físico. O mesmo pode ser dito de afroamericanos e muitas tribos nativas americanas que preservam suas tradições apesar de tentativas sistemáticas da cultura dominante de erradicá-las. Crianças que recebem mediação nestas situações adquirem estruturas cognitivas e formas de aprendizado que as permitem adaptar-se, quando necessário, a uma vida completamente diferente da sua cultura sem abandonar suas heranças culturais.

Portanto, não é o conteúdo cultural, mas a transmissão da cultura e a qualidade da interação na qual é realizada que criam a diferença substancial na habilidade de adaptação entre os que a recebem e aqueles cuja cultura lhes foi negada. A pessoa que passou por um processo de aprendizado sobre uma cultura, mesmo que muito primária (que geralmente e sem justificativa é denominada primitiva), terá ferramentas que permitem a aquisição da nova cultura à qual foi exposta.

Em 1965, Lesser, Fifer e Clark (1965) conduziram um estudo original que examinou quatro grupos de imigrantes nos Estados Unidos (chineses, judeus, afroamericanos e hispânicos) para determinar o grau no qual usavam sua herança cultural para permitir que seus filhos se adaptassem e integrassem a nova cultura. Pais que sistematicamente transmitiam suas culturas para seus filhos os preparavam para se adaptar a experiências culturais novas e diferentes, oferecendo as ferramentas necessárias para se relacionar com o novo sem perder suas heranças culturais. A partir de resultados como estes, generalizamos para mostrar que as crianças que são privadas de sua cultura não terão mecanismos de adaptação, e as que foram mediadas em sua cultura estarão propensas a aprender. Em outras palavras, *culturas não privam, mas é possível ser privado de sua cultura, com efeitos nocivos.* Considerando nossa definição de privação cultural, sugerimos ainda que crianças terão dificuldade de extrair benefícios das experiências diretas e precisarão de experiências intensivas de aprendizagem mediada para completar o que perderam pela ausência de mediação de sua cultura. No contexto do desenvolvimento infantil e das interações parentais de hoje, mais e mais crianças podem ser vistas como culturalmente privadas, pois são expostas a limitadas EAM junto a seus pais, família e até mesmo comunidade.

O fenômeno de ser separado da herança do passado caracteriza a cultura de imigrantes, especialmente em uma sociedade que faz tudo para que imigrantes esqueçam sua existência cultural prévia, para garantir a rápida absorção na nova cultura. O imigrante diz ao filho: "Você não precisa saber o que fui, isto não importa. Agora, você deve ser o que é para viver na 'nova sociedade'".

Nos Estados Unidos, o conceito de caldeirão demonstra este valor. Até certo ponto, também era assim no início do Estado de Israel. Críticos sociais concluíram que esta atitude causou grandes danos na integração dos imigrantes. Nos Estados Unidos, eles eram altamente desencorajados a manter a cultura original – acreditava-se que não era possível ser um americano integrado sem abandonar as raízes. Porém, sabemos que, se os indivíduos aprendem em sua própria cultura, eles se adaptarão melhor à nova, sem abandonar a herança original. Em anos recentes, a importância da necessidade de transmissão cultural tem sido entendida, e a metáfora do caldeirão vem sendo substituída pela metáfora da "salada mista", em que subgrupos se encontram na mesma vasilha, mas retêm suas identidades individuais. Esta atitude é mais perspicaz, trazendo mais reconhecimento e esforço para as comunidades, que tentam encontrar formas de preservar seu passado e transmitir sua cultura para os filhos. Isto não beneficia apenas as crianças, mas enriquece a vida dos adultos também.

## Lidando com a necessidade de mediar

O fenômeno singular de lidar com a necessidade de mediar pode ser encontrado entre cortesãs e concubinas que frequentavam as cortes dos palácios dos monarcas. Aquelas que tinham filhos os colocavam em mosteiros ou famílias adotivas e, quando as crianças vinham visitar, escondiam o rosto atrás de véus para não serem identificadas.

A cortesã não mediava a realidade para sua criança. Ela mudava a realidade miserável de sua vida e transmitia para a criança a "realidade desejável", como queria que fosse, precisamente por se preocupar com a continuidade do que era mediado para ela. Este tipo de mediação para a continuidade se deve ao desejo de proteger a criança e impedir que ela dê sequência àquela vida indesejável.

Em contraste com situações onde existe a necessidade de mediar, vamos considerar outras, como a de um viciado em drogas ou assassino, que não se importa com o que ou como as crianças vivem, e, portanto, não tenta mudar a realidade de suas vidas.

No mundo de hoje, observamos uma tendência muito problemática entre os pais, mesmo em sistemas familiares com bom funcionamento: Por motivos ideológicos, muitos abriram mão da influência sobre seus filhos ou delegaram para outros – professores, cuidadores ou a mídia. Eles acreditam: "Que direito temos de nos impor sobre a próxima geração? Precisamos deixar que nossos filhos vivam suas vidas, não temos o direito de mediar para eles". Estes pais não compartilham suas vidas com os filhos, e não os veem uma continuidade de sua existência espiritual, para além da existência biológica.

Este fenômeno tem sido tão comum que está tomando proporções epidêmicas – uma epidemia em massa. A mensagem principal é: "O que acontecerá com meus filhos, para além de sua existência física e habilidade de receber o necessário para ter determinada qualidade de vida, não é problema meu e não está no meu controle. Não me considero responsável por sua condição espiritual ou mental".

Trata-se de uma mudança tremenda em comparação com os padrões de comportamento e valores que prevaleciam no passado, quando a continuidade dos ideais éticos, religiosos e comportamentais eram muito importantes, inclusive do ponto de vista da preservação do bom nome e do *status* social. Hoje, encontramos pais que não têm o menor interesse em tal continuidade, não entendem sua importância e não fazem nada para garantir que seus filhos propaguem sua herança. Um exemplo deste fenômeno é o movimento de contracultura nos Estados Unidos, na década de 1960.

Também existe uma falta inconsciente de mediação devido à falha para entender o significado único da experiência de interação mediada. Ilustraremos isso com um exemplo de interação que, aparentemente, acontece entre dois pais e seusfilhos (FEUERSTEIN, R. et al., 1988).

> Evelyn, filha de uma família proeminente, conhecida por seus altos padrões culturais e contribuição com caridade, não tinha mediação de aprendizagem. Parece que ela tinha um leve defeito genético, considerado o motivo de seu baixo desenvolvimento. Portanto, os pais se contentavam em enchê-la de estímulos excitantes, mas não os mediavam para ela. Quando conhecemos Evelyn, imediatamente ficamos surpresos com seu comportamento social infantil, grande falta de conhecimen-

to e ainda mais incrível falta de atividade cognitiva apropriada. Ela descreveu como havia sido deixada sozinha com os brinquedos, a televisão, o som e o computador, sem mediação. Ela se lembrou de sua infância como uma coleção de imagens, sem ninguém que ajudasse a ligá-las e dar significado a elas.

Evelyn recebeu experiência intensiva de aprendizagem mediada, incluindo nosso Programa de Enriquecimento Instrumental, e após isto seu funcionamento estava bem alinhado com o nível médio de inteligência.

É válido notar aqui um fenômeno adicional de ausência de mediação devido a questões emocionais dos pais, que não são capazes de mediar e não se responsabilizam pelo futuro dos filhos. Este não foi o caso na experiência de Evelyn, mas pode ocorrer em outras situações.

## Barreiras internas que causam a ausência da mediação

Agora continuamos para o segundo grupo de barreiras que impedem que seres humanos recebam ou se beneficiem da mediação.

Primeiramente, ressaltamos que o desenvolvimento humano depende de dois tipos de fatores, como mostrado na figura 8.1:

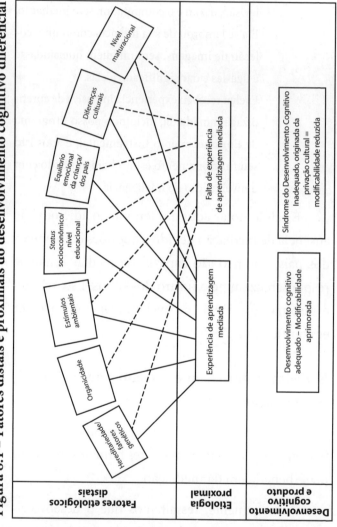

Figura 8.1 – Fatores distais e proximais do desenvolvimento cognitivo diferencial

- Fatores distais (distante, indireto) – influenciam o desenvolvimento, mas não influenciam, de forma direta ou inevitável, os resultados previstos.

- Fatores proximais (próximos, diretos) – determinam de forma direta os resultados previstos e desejados.

Por que existem pessoas cuja habilidade de aprendizado e modificabilidade são prejudicadas? Podem haver muitas causas distais – problemas do sistema nervoso central, questões emocionais ou de comportamento, falta de maturidade mental, e assim por diante. Os fatores distais, muitas vezes, determinam a intensidade com que o fator proximal aparece, em nossa formulação da EAM. Ou seja, sua presença pode desencorajar ou impedir que o mediador potencial ofereça, engaje-se ou persista na EAM, o que leva à ausência de mediação, tornando-se a causa proximal para a falta de habilidade destas pessoas de aprender e se beneficiar das experiências de aprendizado.

A barreira interna pode ser genética, cromossômica, resultado de algo que aconteceu no pré-natal, durante ou após o parto. As barreiras se manifestam na dificuldade que a criança tem de se relacionar com o que o mediador está tentando transmitir. Em muitos casos, estas barreiras são consideradas intransitáveis. Por exemplo, por anos acreditou-se que pessoas com Síndrome de Down precisavam ser aceitas como eram. Expressa por características como hipotonicidade geral, dificuldade motora geral e inabilidade de processar dados, achava-se que esta síndrome criava barreiras irreversíveis. De fato, a mediação regular geralmente não é útil e não vence tais barreiras. A pessoa com Síndrome de Down requer uma qualidade especial de mediação, diversas repetições e maior intensidade de estímulo. É necessário proceder estágio por estágio e considerar o ritmo lento de desenvolvimento para criar a habilidade de aprendizado e permitir os benefícios da exposição direta ao estímulo. Muitas vezes, recomendamos que a criança com Síndrome de Down não deve entrar no jardim de infância antes dos 8 anos, dando-lhe a oportunidade de amadurecer em um ambiente mais protegido.

A Síndrome de Down não é a única barreira que requer mediação especial. Por exemplo, o limite de estímulo de uma criança hiperativa é diferente de uma criança hipoativa. Cada uma delas requer EAMs especialmente adaptadas. Portanto, para vencer barreiras internas é necessário afinar a mediação. Se a mediação não alcança a criança, a EAM não acontece. A mediação é, como dissemos, uma interação que acontece apenas quando o ciclo que liga os três participantes do processo – o mediador, o estímulo e o mediado – é fechado (cf. figura 6.1, no capítulo 6, e discussão relacionada sobre este conceito). Enquanto o ciclo de mediação permanece aberto, a EAM não acontece. Em casos como o descrito acima, para garantir que seja fechado, é necessário usar elementos especificamente planejados, para fazer com que seja possível vencer o obstáculo.

Por exemplo, se tivermos sucesso em combinar a intensidade do estímulo com o tipo de barreira, acontece uma mudança substancial: aqueles considerados poucos hábeis para aprender – isto é, incapazes de falar, ler, identificar coisas ou usar a mente – gradualmente adquirem estas habilidades e se tornam capazes. Demonstramos isso por meio dos métodos únicos que desenvolvemos com crianças com Síndrome de Down, com disfunções cromossômicas como o X Frágil (cromossomo X quebrado), e outras que, no passado, eram consideradas imodificáveis.

## Quebrando as barreiras pela mediação

Toda barreira pode ser vencida se a mediação, como fator proximal direto, for compatível com as dificuldades observadas e avaliadas e alcançar a pessoa. Já tratamos de crianças que, considerando a capacidade de pensamento, eram extremamente limitadas devido à falta de mediação por diversos motivos. Para algumas, o ambiente não fornecia mediação, enquanto barreiras internas impediam outras de receber a mediação. Crianças hiperativas ou autistas, por exemplo, não conseguem se comunicar com seu ambiente por causa de barreiras emocionais e, geralmente, não são afetadas por níveis normais de exposição à mediação.

Para crianças assim, criamos um sistema de mediação que foi levado a cabo por seus pais (pelo menos no início, porque, algumas vezes, os pais podem fazer muito pouco pela criança que não os aceita. Às vezes, tais crianças não conseguem ser mediadas pelos pais, mas respondem a outros mediadores). Assim que tivermos sucesso na criação de uma consciência da necessidade adequada de intensidade, consistência e formas adequadas de mediação, conseguiremos penetrar as barreiras e criar nas crianças fundamentos que as permitam beneficiar-se de qualquer exposição a eventos e experiências de aprendizagem. A mediação pode modificar indivíduos mesmo quando não a recebem a tempo e quando sua ausência causou uma falha no funcionamento, e também em estágios posteriores da vida, sejam as barreiras geradas por fontes ambientais ou internas da pessoa.

## Seres humanos são modificáveis

Até o momento, nossa discussão tem apontado que, apesar dos fatores que levaram indivíduos a seus baixos níveis de funcionamento e da idade ou gravidade da condição, se a EAM é fornecida com qualidade, intensidade, foco e entendimento das habilidades e experiências que precisam ocorrer, a mediação terá tanto poder que penetrará as barreiras que existem ou que foram criadas devido à falta de mediação. Esta é a mensagem otimista da MCE e da EAM. Podemos olhar para a EAM para explorar a habilidade da mente/cérebro de mudar e ser modificado.

# 9

# Reconhecendo e melhorando funções cognitivas deficientes

No capítulo anterior, descrevemos as causas da ausência da Experiência de Aprendizagem Mediada (EAM) e indicamos duas possíveis origens: um ambiente não mediado por diversos motivos (fatores exógenos ou ambientais) ou obstáculos internos que impedem que os seres humanos recebam a mediação disponível e ofertada (fatores endógenos).

A ausência da mediação afeta de forma adversa não apenas a habilidade humana de se adaptar às mudanças necessárias e desejadas no ambiente e em suas experiências, mas também os processos de pensamento e aprendizagem. Somos capazes de descrever as fundações psicológicas e mentais do pensamento, aprendizagem e processos de modificação que são necessários para a mediação. Uma descrição é a lista de funções cognitivas que podem estar deficientes ou prejudicadas, divididas de acordo com os três estágios do ato mental: a fase de *input* (a coleta de informação), a fase de elaboração (o processamento da informação coletada) e a fase de *output* (a comunicação dos resultados das duas fases anteriores). Iniciaremos com a descrição breve das duas fases que podem ser consideradas periféricas – *input* e *output* – e, então, discutiremos o que consideramos ser a fase central da atividade mental humana: a fase de elaboração ou processamento.

Quando as descrevemos como funções deficientes, não estamos sendo negativos ou pessimistas. Pelo contrário, identificamos como deficientes para direcionar nossos esforços para a melhoria destas funções. Isto expressa um otimismo essencial: elas podem ser mudadas e podemos direcionar intervenções para sua modificabilidade.

## A fase de *input*

Nesta fase inicial de atividade mental, alunos coletam os dados exigidos para realizar atividades mentais. Para que a coleta de dados seja bem-sucedida, é necessário perceber o estímulo de forma clara, focada, sistemática e exata e ter a habilidade de se relacionar sistematicamente e ao mesmo tempo com diferentes fontes de informação e estímulo que os alcançam. O aluno também deve ter ferramentas verbais-receptivas que permitam o processamento da informação percebida (que acontece durante a fase de elaboração) e deve ser orientado no tempo e no espaço para preservar constâncias, processar estímulo de forma consistente e desenvolver um nível de precisão e exatidão no processo de foco e coleta de dados.

## Funções deficientes no processo de input

*Percepção nebulosa e passageira.* O aluno que tem percepção clara e focada é capaz de considerar todos os dados em sua posse, e dedicar o tempo necessário para cada componente do fenômeno ou objeto de forma diferencial, e distinguir entre o que é importante ou insignificante, relevante ou irrelevante para a tarefa que está sendo realizada.

Um aluno ou qualquer pessoa que não tenha recebido mediação tem uma percepção nebulosa e generalizada, ao invés de clara e focada. Uma pessoa com percepção nebulosa não presta atenção separada em cada estímulo, mas "varre" o ambiente e o vê como se envolvido em uma névoa. Este indivíduo não é capaz de retirar dos dados as características que lhes conferem significado.

Por exemplo, quando mostramos para um aluno com percepção nebulosa a forma de um retângulo e pedimos que descreva sua composição, estes detalhes não são percebidos, embora possam ser vistos. A visão da pessoa pode ser excelente, mas não há atenção focada nos detalhes para ativá-los. A percepção clara não está presente, e a pessoa não é capaz de identificar a forma e distinguir seus componentes por suas características (e.g., quatro lados, cada par de lados é paralelo e igual em comprimento, e assim por diante). Estes dados estarão faltantes quando o aluno precisar classificar o objeto, comparar com outro, ver até que ponto ele cumpre determinados critérios, e assim por diante. Uma distorção interessante e não incomum da percepção ocorre quando alunos veem um retângulo girado para se apoiar em seu ápice (canto). Muitas vezes, algumas crianças veem um triângulo, porque o foco está no ápice e nas linhas em ângulo saindo do canto, que é visto (de forma nebulosa) como triangular (cf. a discussão de conservação de constâncias abaixo).

A percepção focada se desenvolve ao longo de um processo de mediação. A mediação ocorre, como já descrevemos, nos primeiros dias do bebê à medida que aprende a focar o rosto de um objeto permanente, a mãe. O bebê foca seu olhar nela o máximo possível e aprende toda pequena alteração em seu rosto. Em determinado estágio, o bebê começa a relacionar as mudanças que acontecem no rosto da mãe a diferentes eventos e se pergunta: "O que eu fiz para minha mãe rir?" "O que eu fiz para que o rosto da minha mãe ficasse triste?" Por meio do foco no rosto de suas mães, bebês aprendem a focar o olhar em outros objetos também. As crianças que não têm uma imagem permanente de mãe para focar têm dificuldade de absorver dados e dar significado consistente para eles. Estudos foram conduzidos pelo psicólogo J. McV. Hunt e seus colegas, descrevendo a falta de foco e direção de percepção das crianças criadas em orfanatos, que foram privadas de objetos de amor permanentes e estáveis (nominalmente figuras maternas consistentes).

*Percepção impulsiva.* Alunos que respondem de forma aleatória e não sistemática ao conjunto de estímulos ao seu redor, reagindo ao primeiro estímulo que encontram, passando de uma coisa para outra e incapazes de realizar um processo sistemático de reflexão, estão manifestando uma percepção impulsiva. Esta percepção também pode se manifestar na dificuldade de se relacionar com o fenômeno observado em um determinado tempo e espaço. Alunos ou indivíduos que não sabem quando e como observaram determinado estímulo não registraram em sua mente o tempo do evento e o local em que ocorreu. Em tais situações, a pessoa não tem as duas dimensões mais importantes para definir a causalidade: a capacidade de localizar o estímulo ou evento como razão para um resultado e relacionar isto com o resultado no tempo e no espaço. Descrevemos a consequência desta função deficiente como falta de busca sistemática.

*A falta de necessidade de precisão e exatidão.* A necessidade geral de precisão se desenvolve durante a infância, seguindo uma atividade recíproca entre crianças e as pessoas em seu ambiente. A área que exige precisão pode variar de acordo com diferenças culturais. Porém, do nosso ponto de vista, não há imperativo cultural particular a esta dimensão, exceto a necessidade de ser exato para reunir informação sistemática e precisa sobre o mundo da experiência. As crianças aprendem que para encontrar com os amigos, por exemplo, precisam de detalhes sobre o horário e local do encontro. Aprendemos por meio de uma variedade de primeiras experiências que devemos ser exatos na coleta de dados quando queremos compor uma imagem completa de uma coleção de detalhes, ou ver qual é a relação entre dois conceitos que aprendemos – de que forma são iguais ou diferentes. Se não formos precisos na coleta de dados, teremos dificuldade em processá-los. Em todo caso, o processamento não terá significado correto, ou talvez não terá significado algum.

*Falta de rótulos verbais.* O sistema linguístico – os sinais verbais e substitutos da realidade – é o que nos permite armazenar, lembrar e usar os dados que percebemos. A falta disto, expressa por limitações na nomeação de objetos, eventos, ações e relações, também causa falta de habilidade de distinguir as diferenças entre eles e dificuldade de codificar e interpretar símbolos. Rótulos verbais nos permitem lembrar, diferenciar e começar a focar e manipular o que sabemos.

*Dificuldade de se colocar no espaço e no tempo.* A origem de uma deficiência nesta função está na falta de sistemas estáveis de referência de tempo (quando coisas ocorrem) e espaço (onde ocorrem), limitando o desenvolvimento e uso de conceitos para descrever relações e organização de objetos e eventos no espaço e no tempo. Esta falta de consciência deteriora a habilidade da pessoa de representar experiência, criar associações e proximidade entre objetos. As deficiências de situações no tempo afetam de forma adversa a habilidade de seres humanos planejarem com antecedência, pensarem de forma hipotética e lidarem com o futuro por meio da representação. A habilidade de conceituar relações de causa e efeito depende também do comando dos conceitos de tempo e espaço.

*Falta de preservação de constâncias.* Esta deficiência se manifesta pela dificuldade de preservar características de tamanho, forma, quantidade, direção, dentre outras, no momento em que uma mudança ocorre em qualquer traço ou característica do objeto. A falha na preservação da constância significa que objetos e eventos têm percepção episódica e inconsistente, e os dados reunidos serão inconsistentes e imprecisos.

*Inabilidade de relacionar múltiplas fontes de informação simultaneamente.* Na fase de *input*, muitas vezes, o aprendiz precisa perceber, registrar e organizar múltiplas fontes de informação. Em tais situações, uma porção da informação deve ser guardada na mente, enquanto outras variáveis estão sendo consideradas, sem perder a informação inicial. Desta forma, todas as dimensões da informação são consideradas e preparadas serem processadas. É impossível criar associações entre objetos – classificá-los, organizá-los, colocá-los em ordem e fazer comparações entre eles – se a pessoa não for capaz de perceber duas informações ao mesmo tempo. Uma pessoa com esta função deficiente tende a se relacionar com uma fonte de informação de qualquer tipo e a ignorar o resto. É difícil identificar diversas fontes individuais de informação e combiná-las para criar uma imagem completa. Além disso, em uma modalidade de interação diferente, mas relacionada, com tal deficiência é difícil entender a existência de pontos de vista diferentes do seu.

## A fase de *output*

Na fase de *output* do ato mental, o aluno formula os resultados da elaboração de informação coletada (isto é, pensamento): Após ter refletido, absorvido, processado, combinado, separado, organizado, classificado e decifrado os dados, estou pronto para codificar minha experiência (os dados) e criar, no meu pensamento, uma forma de resolver o problema. Preciso, então, formular os resultados do meu pensamento para que o produto correto seja transmitido, para que sejam recebidos, entendidos e aceitos pelos receptores do produto.

O ato de formular um *output* que seja claro para mim e para outros provavelmente condicionará a existência de um processo de mediação. Por exemplo, se dou uma resposta incerta a uma pergunta e ela simplesmente é aceita, não haverá demandas para reformular ou modificar minhas respostas na fase de saída. Se, por outro lado, eu viver em um ambiente que demanda um produto que é entendido, aceitável e de certo nível estrutural e pragmático, meu funcionamento será melhorado e ficarei energizado e engajado no processo maior de aprendizado e desenvolvimento social, experimentando o nível transcendente de potencial humano.

*Funções deficientes da fase de* output

*Comunicação egocêntrica.* Esta deficiência de comunicação vem da atitude do indivíduo com o outro ser humano, como alguém que não constitui entidade separada. O indivíduo que comunica de forma egocêntrica não sente a necessidade de filtrar todas as informações necessárias para entender a mensagem porque assume que o outro sabe tudo o que ele sabe. Ele diz para si mesmo: "Se penso desta forma, então eles devem pensar assim. Portanto, não preciso convencer ou explicar minha posição". Quando perguntam: "Por quê?", a resposta é: "É assim", sem necessidade de explicar a resposta. A essência desta deficiência é a falta de consciência do comunicador sobre a incompreensão do comunicado, e sem facilitar o entendimento.

A pessoa vence a comunicação egocêntrica quando entende que há um processo de individualização (veja uma descrição deste parâmetro da EAM no capítulo 7), que torna os indivíduos entidades diversas e separadas. Eles podem ou não ter a informação ou experiência que eu tive. Quando assumo que já sabem o que sei, não me esforçarei para garantir que entendam o que estou comunicando, e, portanto, minha comunicação será egocêntrica. Assim, é necessário adquirir ferramentas para que o conteúdo seja compreendido não apenas por nós, mas também por outros. Paradoxalmente, indivíduos que podem ter boa recepção e habilidades de processamento podem ou não ter a necessidade de comunicar, demonstrando dificuldade de formular coisas de forma a serem entendidas por outros.

*Respostas de tentativa e erro.* O comportamento de tentativa e erro no estágio de *output*, às vezes, é reflexo da coleta de dados não planejada no *input*. Uma pessoa que responde desta forma não aprende com a experiência e não é capaz de evitar a mesma resposta e os mesmos erros. Mais importante que isto, esta deficiência reflete uma falta de integração estrutural. A solução do problema não foi internalizada e não é generalizada para situações novas e diferentes. Mais claramente, "a pessoa não aprende com seus erros", e dá as mesmas respostas aleatórias repetidamente.

*Respostas impulsivas.* Indivíduos reagem de forma impulsiva quando os mecanismos de controle e filtro das atividades de processamento não são suficientes. Portanto, respostas impulsivas são geralmente parciais e/ou errôneas. Similar às respostas de tentativa e erro, há uma falta de integração estrutural (interna) e falta de uso sistemático do que foi aprendido em situações de resolução de problemas (cf. nossa discussão das funções da fase de elaboração na próxima seção deste capítulo). A consequência é uma falta de precisão e detalhe na resposta.

*Bloqueio de resposta.* Este fenômeno se deve a uma deficiência no processo de regulação do comportamento. Muitas vezes, vem de uma transição aguda e repentina do comportamento não planejado e não reprimido para o muito reprimido, a ponto de impossibilitar a resposta. Geralmente, reflete a falta de ferramentas adequadas de processamento para transformar a supressão de resposta em uma atividade de pensamento. A melhor forma de responder a isto, em termos de aplicação da Experiência de Aprendizagem Mediada, é pela mediação do sentimento de competência e desafio (cf. capítulo 7 para uma explicação destes parâmetros). Desta forma, a mediação vai de um foco único nos aspectos emocionais do bloqueio para um foco nas estratégias cognitivas necessárias para vencê-lo.

## A fase de elaboração

Na fase de elaboração do ato mental, estímulos são alterados por diferentes operações de pensamento. Organizamos os dados coletados em grupos e analisamos, comparamos, criamos relações, codificamos ou decodificamos o sentido, criamos conexões entre eles e outros dados, resumimos e tiramos conclusões. Desta forma, criamos informação e novos dados que não estavam incluídos ou vão além dos dados iniciais coletados.

A habilidade de uma pessoa extrair da realidade o que é necessário para criar novas coisas neste mundo é recebida por meio do mediador. Propriedades, objetos e até mesmo experiências não falam com a pessoa em uma linguagem de silogismo e inferência. É a pessoa que cria as relações por meio de operações mentais. A natureza não fornece à pessoa objetos já classificados ou tempo já dividido que se conforme às necessidades individuais. É a pessoa que muda o mundo por meio de um sistema de processamento imposto sobre o próprio mundo.

A fase de elaboração é o estágio mais flexível no processo de pensamento, mesmo entre populações com baixo nível de funcionamento, e pode se tornar mais acessível entre os que foram definidos como severamente retardados. Esta flexibilidade no estágio central do processo de pensamento reforça nossa premissa básica com relação à modificabilidade inerente do ser humano em níveis apropriados (em termos de qualidade, intensidade, e assim por diante) da Experiência de Aprendizagem Mediada (EAM). Muitas vezes, é mais fácil ensinar alunos a processar dados do que como coletar dados, onde e como refletir sobre eles – baseado na recepção correta na fase de *input* – ou como formular respostas adequadamente – como é requerido na fase de *output*.

Nem sempre é fácil mudar os comportamentos nas fases de *input* e *output*. Pelo contrário, de forma surpreendente, é precisamente a fase de elaboração – o estágio central de pensamento que caracteriza os seres humanos – que é fácil mudar. As funções de *input* e *output* são produto dos padrões de comportamento que o aluno formou e, muitas vezes, são determinados por características sensório-motoras ou fisiológicas (audição, visão, habilidades de articulação, entre outras). Muitos dos comportamentos que são considerados sem habilidade de pensamento podem ser, de fato, materialmente melhorados quando ligados com funções da fase de elaboração, melhorando as funções e habilidades de processamento, que se mostram mais fortes e eficientes do que quando não há ligação com a fase de elaboração. Uma das funções do diagnóstico dinâmico, que trataremos no próximo capítulo, é avaliar em qual dos estágios de pensamento o examinado tem dificuldade, como a mediação em uma fase afeta as outras, e assim por diante. Por exemplo, o estudante não viu o que deveria ter visto, não pensou sobre isto, talvez não viu ou pensou corretamente ou é incapaz de formular a resposta adequada?

*Funções deficientes na fase de elaboração*

*Reconhecimento e definição da existência de um problema.* Quando um aluno se vê diante de uma contradição ao comparar determinado fenômeno com padrões ou com outro fenômeno (seja vivido diretamente ou como conceito), a experiência é de ser tirado do eixo. O que deve ocorrer é a percepção de um problema. A definição do problema é a ação inicial em um processo desenhado para restaurar o equilíbrio que foi alterado, seguindo a falta de conformidade do dado registrado. Isto é bem ilustrado na história bíblica de Moisés. Moisés viu uma sarça em chamas, e mesmo assim ela não era consumida pelo fogo. Este fenômeno contradizia o que Moisés considerava normal: uma sarça em chamas deve virar carvão, mas a árvore a sua frente não era consumida, e então ele foi investigar por que o fogo não destruía a sarça. Isso causou um desequilíbrio porque era diferente do que ele esperava ver, e, portanto, ele se desviou do seu caminho para restaurar o senso de equilíbrio perdido.

Esta história bíblica apresenta uma metáfora sobre responder a uma situação contrária ao que é "conhecido" – o que pode ser considerado uma noção de desequilíbrio. A descrição, no capítulo 5, sobre o dilema de William no museu (e a mediação de sua mãe) e o problema de Piaget com as garrafas inclinadas são exemplos de resposta ao desequilíbrio cognitivo. O currículo acadêmico apresenta aos alunos diversas oportunidades de confrontar situações similares. Pela mediação, o professor os engaja em jornadas por meio de conteúdo que expande e aprofunda seu entendimento dos conceitos-base. Veja, por exemplo, o fenômeno do aquecimento global. Por que há controvérsia entre cientistas com relação ao seu impacto sobre o ambiente? Que evidência pode ser reunida sobre seus efeitos? Está mais frio em climas tradicionalmente quentes? Existe aumento de secas, mudanças em correntes oceânicas? Outro exemplo é a nossa visão em alteração sobre a estrutura do sistema solar. Conceitos antigos sobre os planetas estão sendo reavaliados. Por que Plutão não é mais considerado um planeta? Qual é a nova evidência? Como foi obtida? Se não é um planeta, o que é?

O reconhecimento do problema cria na pessoa uma motivação interna para procurar uma solução e explicar a contradição ou lacuna. Para perceber que o problema existe, devemos ativar diversas funções cognitivas como criar relações entre diferentes fontes de informação, discernindo a não conformidade ou contradição entre elas, e deduzindo contradições lógicas dentro da informação. Aqueles que não têm mediação não sentem a falta de equilíbrio criada após um fenômeno que aparentemente testemunha uma falta de consistência e contradição em determinada informação. Portanto, a consciência do problema não é criada. Por exemplo, existem crianças que podem olhar para a imagem de uma girafa com corpo de vaca e não notar ou diferenciar a contradição entre dois animais. Sem perceber diferenças ou contradições, não há problema. A curiosidade não é ativada, e, consequentemente, não precisam achar explicação e elaborações nem gerar *insights*.

O fenômeno de falta de curiosidade em crianças ou adultos deriva, em muitos casos, da mesma falta de discernimento da existência do problema. Como o indivíduo não reconhece o problema, seu equilíbrio não é prejudicado, e, portanto, não precisa procurar soluções. Assim, é criado o que chamados de "falta de curiosidade" e "falta de motivação". Muitas crianças modernas que são potencialmente muito inteligentes dizem que ficam entediadas rapidamente por causa desta falta de discernimento, que leva a uma falta de curiosidade.

Para criar mudanças em alunos, devemos oferecer as ferramentas que os permitirão sentir a falta de equilíbrio em uma situação problemática e consequentemente fazer perguntas e procurar respostas de acordo com sua habilidade.

*A inabilidade de distinguir entre dados relevantes e irrelevantes para a solução de um problema.* A consciência da existência de um problema é, como mencionamos, uma condição prévia para solucioná-lo. Quando se sabe que há um problema, é necessário que ele seja caracterizado e analisado, para determinar que dados serão procurados para resolvê-lo e quais são relevantes. Para distinguir entre dados relevantes e irrelevantes é preciso usar o pensamento hipotético. Nesta função cognitiva, vemos conexão próxima com funções na fase de *input*, incluindo a busca sistemática de estímulo, colocação do estímulo no tempo e no espaço, atenção a múltiplas fontes de informação e assim por diante.

*A percepção episódica da realidade.* A percepção episódica se manifesta pela falta de inclinação de procurar e inabilidade de discernir relacionamentos entre eventos, além de juntar, organizar e resumi-los. Todo evento, item ou objeto é percebido como único, não conectado com o que o precedeu ou o seguirá. O aluno que vive a realidade de forma episódica expressa uma atitude passiva com relação a ela, não consegue entender a organização dos eventos ou colocá-los em ordem, tampouco consegue vivê-los como um todo integrado com significado. A experiência é fragmentada e não pode ser comparada ou colocada em um contexto mais amplo. Na melhor das hipóteses, tais alunos vivem como receptores de informação, e não criadores.

A percepção episódica da realidade resulta na produção de um repertório extremamente pobre de experiências cognitivas significativas que constroem formas mais elevadas de pensamento e permitem melhor uso delas. Um aluno com percepção episódica não cria relações entre estímulos, eventos e experiências, mas permanece passivo diante delas, e, portanto, não é capaz de aprender com elas. Após estas experiências, a pessoa não diz para si mesmo: "Isto aconteceu comigo cinco vezes. Se pensar em todas as cinco vezes, ignorando as diferenças entre elas, posso aprender que, quando faço X, Y, acontecerá comigo". Como todo evento é novo, sem continuidade, a pessoa não sintetiza ou aprende as lições que permitirão chegar a conclusões, e, portanto, o comportamento não muda.

*Falta de comportamento comparativo espontâneo.* Uma busca espontânea por comparação e diferença constitui uma condição necessária e vital para criar relações. A comparação espontânea fornece um fluxo contínuo de associações e distinções entre itens de informação que são armazenados em nossa memória após um encontro com o estímulo. É uma das pedras fundamentais dos processos mentais de ordem mais alta.

Enfatizamos a espontaneidade da comparação porque quem não tem mediação pode ser capaz de comparar quando solicitado ou quando tiver a necessidade internalizada de fazê-lo. Por exemplo, se crianças que não comparam podem escolher entre duas fatias de bolo, elas irão comparar as duas para pegar a fatia maior. Isto sugere que a função mental de comparação existe e é ativada (quando há um sistema de necessidade internalizado), mas pode não ativar e generalizar de forma sistemática o mundo mais amplo de resposta ao estímulo. Ou seja, o aluno que é capaz de comparar duas fatias de bolo não necessariamente conseguirá comparar dois eventos, duas imagens ou até mesmo dois números. Logo, a deficiência não impede o uso da função, mas a debilita significativamente.

*Campo mental estreito.* Atividades mentais completas demandam que o indivíduo lide simultaneamente com itens de informação recebidos de fora e outros que buscamos na memória. Para pessoas com campo mental estreito, usamos a metáfora do cobertor curto: quando cobre a cabeça, os pés ficam expostos, e vice-versa. Em outras palavras, uma nova informação que entra no armazém da memória faz com que ele esqueça uma informação previamente aprendida. Este funcionamento deficiente também está ligado, como seu precursor, à uma abordagem passiva da informação. Uma pessoa que não recebeu mediação se vê como recebendo e transferindo informação, mas não a criando e reconstruindo. Ela não acredita na habilidade de buscar informação da memória de forma voluntária; a pessoa não se lembra de forma imediata e espontânea. Esta função deficiente também pode ser descrita como falta de consciência periférica, pois a pessoa não está ciente dos aspectos da experiência que estão fora do centro de foco.

*Falta de comportamento de planejamento.* Planejar significa se referir ao futuro e ações que serão realizadas em um tempo e local distantes. Deficiências no comportamento de planejamento podem ser ligadas a circunstâncias da vida – como, por exemplo, o indivíduo que não vê motivo para planejar o futuro, pois vive de forma errática e sente que não influencia seu destino. Muitos alunos com quem trabalhamos, e que viveram extrema privação cultural ou danos severos em suas vidas, como sobreviventes do Holocausto, muitas vezes não têm a habilidade de planejar com antecedência e projetar o futuro, dado o foco anterior na luta para sobreviver no aqui e agora, além da ansiedade e do estresse que vem quando se pensa no futuro e a falta de modelos ou encorajamento para pensar adiante. A falta de planejamento também faz com que respostas comportamentais sejam episódicas e restringe o desenvolvimento de um campo mental de consciência.

*Falta de comportamento somativo.* Esta é outra característica frequente de crianças que não receberam mediação. A criança com esta deficiência cognitiva se relaciona com tudo como evento separado e não os agrega em um grupo unificado, ou como um fenômeno aglutinado e entendível. Isto também contribui com uma percepção episódica do mundo. Se perguntássemos a tais crianças quantos irmãos ou irmãs têm, podem contar um a um. Não agrupam unidades separadas em um todo porque nunca viveram o processo de fazer síntese. Cognitivamente, tais situações demonstram que o todo é, de fato, mais que a soma de suas partes. Quando não sintetizamos nossas experiências, não apreciamos a natureza holística de nossas vidas.

*A inabilidade de projetar relações virtuais.* Como consequência da falta de internalização da experiência, indivíduos não conseguem projetar em novas situações e experiências aquilo que não lhes foi diretamente exposto. Operações mentais de ordem mais alta e a capacidade de se distanciar da experiência imediata e direta dependem de relacionamentos virtuais, como elaboração da experiência direta, e se tornam um aspecto importante para perceber a complexidade do conjunto de estímulo. Por exemplo, olhar uma imagem e projetar ações e sentimentos gerados por elementos da imagem, como um leão feroz devorando sua caça, permite que o aprendiz projete em outras situações conceitos da cadeia alimentar e, então, faça generalização a partir deste conceito para outras situações, algumas das quais são muito afastadas da modalidade da experiência direta.

*Dificuldades de interiorização.* Em nossa descrição acima sobre relacionamentos virtuais, usamos a palavra projetar para indicar o mecanismo de formação de relações entre objetos e eventos e a necessidade de formar imagens mentais internas de experiências (os objetos e eventos de estímulo). Isto resulta na formação de imagens e representações mentais do que é experimentado, transferindo para nossa mente o que vivemos por meio de um mecanismo de representação. Eventos, percepções e experiências são internalizados por meio de um processo de representação (formação de imagens mentais, atribuição de aspectos conceituais que as conectam uma à outra, e mais), e se tornam uma parte inseparável da estrutura cognitivo-emocional da pessoa. É isto que significa a interiorização.

Aqueles que têm funções deficientes nesta área geralmente têm habilidade limitada para usar os princípios que foram tirados de sua experiência de aprendizagem, pois não formam imagens ou modelos internos do que aprenderam. Apesar de esta dificuldade parecer derivar de uma deficiência de memória, ela vem muito da dificuldade de internalizar o estímulo. Quando a interiorização não acontece, o aluno precisa de dicas tangíveis e não pode depender da informação armazenada na memória. A criança que tem dificuldade de interiorizar geralmente não consegue rejeitar ou adiar gratificação. Estas dificuldades caracterizam crianças que não tiveram acesso à EAM.

*Falta de necessidade de justificar soluções ou respostas.* Os dados que coletamos na fase de *input* precisam ser processados e formulados para serem usados e chegar à solução do problema. Uma parte importante da fase de elaboração é que o indivíduo entenda por que e como conclusões foram feitas, percebendo a natureza do processo de elaboração e resolução de problemas, e finalmente passando seu entendimento para outros. Para ser entendido por outros, o aprendiz precisa processar informações, para que sejam convincentes para si mesmo. Portanto, é preciso estar preparado para dar motivos para argumentos e sentir a necessidade de provar racionalmente como e por que respostas foram geradas.

Esta necessidade é estimulada como resultado da Experiência de Aprendizagem Mediada, quando o mediador não está satisfeito com a resposta do aluno e requer que o aprendiz explique as soluções, conclusões e processos usados para chegar a elas. Neste sentido, esta função cognitiva está bem relacionada e é uma função transicional, levando à fase de *output*. Ao tratar desta deficiência cognitiva, o mediador se interpõe entre o indivíduo, enfatizando a necessidade de comunicar com outros e mediar a necessidade de adaptar a formulação de soluções para que não apenas entenda a si mesmo, mas seja significativo para outros (levando às funções da fase de *output*).

## A relação entre funções cognitivas deficientes e EAM

Um aluno com funções deficientes – particularmente no estágio de elaboração (processamento), mas também em outros – tende a ser passivo. Está preparado para realizar a reprodução dos dados conhecidos, mas não para criar novas informações. Em outras palavras, não falamos apenas do problema intelectual, mas também de uma atitude passiva com a realidade. Este tipo de passividade às vezes deriva da autopercepção como falta de habilidade de criar informação. Em tais casos, a pessoa pode transferir apenas a informação de que dispõe, mas não vai além dela.

As três fases da atividade cognitiva não são separadas, mas influenciam umas às outras: o mecanismo do processamento é o que dita para o estágio de *input* como, o que e quanto investir na coleta precisa de dados; similarmente, a fase de elaboração é influenciada pelos dados coletados e percebidos na fase de *input* (recepção).

Um dos componentes únicos de nossa percepção é a habilidade de prestar atenção não apenas no resultado, mas, e talvez primariamente, no processo completo de pensamento. Não usamos os resultados de uma atividade como único critério de avaliação de desempenho, mas também consideramos o processo por meio do qual o aprendiz chega aos resultados.

Podemos resumir o efeito da EAM como fornecendo um sistema de respostas nas três fases do ato mental. Na fase de *input*, o mediador dá ao aprendiz a habilidade de entender os dados necessários para funcionar de forma aguçada e completa, buscar os dados sistematicamente, relacioná-los com o máximo de fontes de informação possível e usá-los antes de tirar conclusões.

Na fase de elaboração, o mediador dá ao aprendiz ferramentas para alcançar um benefício da exposição ao estímulo. O mediador fornece ao aprendiz ferramentas para formular o problema, podendo complicá-lo para criar a necessidade de adicionar dados e pensar mais antes de chegar à conclusão. O mediador direciona o aprendiz para realizar processos comparativos e dar explicações racionais para suas conclusões.

Na fase de *output*, o mediador cria no aprendiz formas interativas de pensamento que são completamente diferentes das que seriam requeridas se o mediado não interagisse com outros. Quando uma pessoa fala apenas com si mesma, ou quando está em situação de sonho, onde as leis da lógica não têm sentido, não é preciso ser interativo. Mas, ao relacionar com limites de tempos e espaço, cria-se a necessidade de lógica, de resumir coisas e de classificar e organizá-las em ordem, porque o indivíduo vive em sociedade e recebe experiência por meio de uma mediação que é exclusiva dos seres humanos.

A EAM é responsável, portanto, pelo surgimento de operações mentais que permitem que um aluno funcione de forma eficiente não apenas do ponto de vista cognitivo, mas também de uma perspectiva emocional/energética, comunicando-se com outros dentro da comunidade cultural imediata e além dela. Por outro lado, a falta da EAM leva a limitações na interação social e cultural e faz com que haja aparência de deficiência em funções cognitivas.

Devemos novamente ressaltar que não estamos falando de uma situação irreversível. A exposição à mediação pode corrigir funções deficientes que foram formadas devido à ausência de mediação prévia e modificá-las de forma significativa.

Como exemplo, concluiremos este capítulo descrevendo o caso de uma aluna com quem trabalhamos, que apresentava comportamento impulsivo, manifestado pela falta de prontidão ou inclinação de conter suas reações, de forma que seu desenvolvimento cognitivo e comportamento foram significativamente prejudicados, mas respondeu à EAM.

Donna foi trazida a nós com 14 anos e com o diagnóstico de TDAH. Seu fracasso na escola, devido à falta de atenção e inabilidade de conter seu comportamento impulsivo, a fez sair da escola e se associar com colegas problemáticos que também não tinham bom desempenho acadêmico. Seu comportamento havia deteriorado ao ponto de estar em perigo, com alto risco de vício em drogas, impedindo o desenvolvimento de habilidades acadêmicas e relações sociais. Donna era rebelde e não aceitava ser disciplinada com rigor. Havia falhado em muitas formas de tratamento – tanto psicológicos quanto médicos. Para ela, a mediação consistia na apresentação de diversas tarefas (usando o Programa de Enriquecimento Instrumental) que requeriam sua total atenção, coordenação de sua atividade mental e persistente busca por soluções. No início, suas respostas indicaram uma ausência das características de TDAH e a disponibilidade de processamento para tratar de tarefas e responder apropriadamente. Donna tinha muitas funções cognitivas bem-estabelecidas, e as que eram frágeis ou deficientes eram suscetíveis à mediação, por meio do uso de instrumentos e interação da EAM geral. Ela se tornou engajada e envolvida, começou a se ver como competente e capaz de controlar seu comportamento, e ficou entusiasmada para realizar mudanças e buscar metas mais apropriadas para si mesma. Donna foi capaz de observar por si mesma as funções cognitivas disponíveis e expô-las para seus pais, para as experiências na escola e para relações com seus pares.

A mediação de funções cognitivas, neste caso, ilustra como o foco na intervenção sistemática, positiva e ativa pode modificar o comportamento de forma significativa e duradoura. Pais e professores, muitas vezes, atribuem tais resultados a "um milagre", mas nós dizemos que, embora possam realmente parecer milagrosas, são, de fato, produto de trabalho duro e do uso de intervenções bem definidas e fornecidas, o que chamamos de "milagres humanos".

# 10

# Avaliação cognitiva dinâmica

Anteriormente neste livro discutimos como a teoria e os conceitos da Modificabilidade Cognitiva Estrutural (MCE) têm sido usados para desenvolver aplicações para produzir mudanças. Agora chegamos ao estágio em que devemos considerar diversas questões práticas que surgem da teoria da MCE:

- Se um ser humano é uma criatura modificável, como esta teoria considera, qual é o significado do diagnóstico convencional e tradicional, usando instrumentos e técnicas designadas para caracterizar a natureza presumidamente fixa e imutável do funcionamento cognitivo e intelectual? Dada esta perspectiva, é possível usá-las para prever adequadamente o desenvolvimento futuro de um indivíduo?

• Se os seres humanos, como são hoje, não são a palavra final e, de fato, são modificáveis, por que meios seremos capazes de trazer a mudança?

• Quais são as implicações desta modificabilidade para alunos como seres que precisam mudar não apenas para o ambiente, mas também para si mesmos, visto que devem se adaptar a situações novas e desafiadoras?

Respondemos a estas perguntas desenvolvendo e aplicando três sistemas derivados de nossa teoria:

• O primeiro método é o de avaliação dinâmica de funcionamento cognitivo e potencial de aprendizado, a Abordagem da Avaliação do Potencial de Aprendizagem (LPAD) – uma bateria de instrumentos e um método de aplicação que focam na avaliação da modificabilidade do ser humano.

• O segundo método é o Programa de Enriquecimento Instrumental de Feuerstein (PEI) – um currículo instrucional, baseado no delineamento cuidadoso das funções e habilidades cognitivas necessárias e a incorporação de métodos da Experiência de Aprendizagem Mediada.

• O terceiro é uma aplicação do Sistema de Ambientes Modificantes (SAM). Esta abordagem foca na criação e apoio de condições que permitem que a modificabilidade cognitiva seja realizada. O SAM foca na criação de um ambiente que não apenas facilita a mudança, mas também a desperta.

Neste capítulo, discutiremos o método de diagnóstico/avaliação que desenvolvemos – a avaliação dinâmica de modificabilidade usando a Abordagem da Avaliação do Potencial de Aprendizagem (LPAD). Esta aplicação é baseada essencialmente em nossa resposta à primeira pergunta: embora seja impossível concluir, medindo as habilidades de seres humanos no presente, quais serão essas habilidades no futuro, é possível criar amostras do potencial de mudança por meio da exposição e observação de atividades de aprendizagem especialmente projetadas e selecionadas, e estimular por meio destas a habilidade de aprendizagem e modificabilidade do aluno.

Como assumimos que o ser humano é capaz de se modificar, isso nos leva a concluir que o ser humano não é previsível. Portanto, qualquer tentativa de prever com antecedência o desenvolvimento de uma pessoa com métodos psicométricos, que medem níveis manifestos de funcionamento e pretendem prever o futuro com base em uma avaliação feita sob condições estáticas (em determinados estágios da vida, por determinados meios restritos, em determinado momento e local, e assim por diante), contradiz a essência imprevisível do ser humano.

## A lógica da avaliação dinâmica

O processo convencional de avaliação psicométrica não prevê mudanças favoráveis em examinados que têm funcionamento de nível baixo, e também não prevê quem funcionará em determinado nível, pois a modificabilidade não acontece apenas na direção positiva. Há o perigo de haver uma mudança para pior: uma deterioração do nível de funcionamento. Após uma grande crítica (não apenas nossa, mas de muitas fontes) das abordagens estáticas à avaliação, em que uma pessoa é examinada em determinado momento no presente e o comportamento atual é usado para prever comportamentos e habilidades futuras, identificamos e argumentamos pela necessidade de uma abordagem dinâmica na avaliação das habilidades dos seres humanos. A necessidade de desafiar a abordagem psicométrica veio de experiências nas décadas de 1940 e 1950, trabalhando com crianças do Holocausto profundamente traumatizadas e com privação cultural extrema. Para estas crianças, as medidas psicométricas padrão eram totalmente inadequadas.

A avaliação dinâmica representa a antítese da avaliação estática e, portanto, desafia a grande indústria de exames, cujo maior objetivo é classificar seres humanos e colocá-los em gavetas das quais nunca sairão. Como mencionado em outros lugares neste volume, no livro *A Curva do Sino*, Herrnstein e Murray apresentam seres humanos como entidades não modificáveis, para quem o fator intelectual cognitivo (conforme foi medido por testes de QI) é o que determina seu lugar no mundo. Nós acreditamos que este método não tem base na realidade e essência humana. Ele é baseado em maravilhosos métodos matemáticos e é conveniente, mas aqueles que o usam falham por não considerar a questão principal: seres humanos têm a habilidade de se modificarem e serem modificados de formas e em direções imprevisíveis. Mais que isto, a nova evidência em neuroplastia fortalece e apoia o potencial de modificabilidade (cf. capítulo 14).

O processo de avaliação dinâmica é desenhado para avaliar a propensão do ser humano para a modificação, caracterizando como a modificação provavelmente ocorrerá em uma pessoa, avaliando a extensão possível da modificação sob determinadas condições e o seu significado e implicações sobre a adaptabilidade. Talvez a implicação mais importante deste processo seja identificar as intervenções apropriadas para o indivíduo sendo avaliado, em vez de basear as intervenções em previsões padronizadas e normativas, que medem características fixas e imutáveis.

Aqueles que estão comprometidos com a abordagem psicométrica não aceitam a abordagem dinâmica com facilidade. Parece eficiente lidar com pessoas como se fossem objetos a serem medidos, parados onde foram colocados – sem resistência, movimento ou progresso. Como cientistas, o objetivo de lidar com a validade de resultados e sua confiabilidade é descobrir resultados idênticos em absolutamente todas as medidas.

## O desenvolvimento da LPAD como uma abordagem dinâmica da avaliação

Começamos a desenvolver a abordagem dinâmica ao sermos confrontados com o destino de milhares de crianças que funcionavam em nível baixo em determinado estágio de sua vida. Se houvéssemos baseado nossas recomendações em seu nível manifesto de funcionamento naquele estágio, teríamos sido obrigados a sentenciá-las a vidas e formas de funcionamento não compatíveis com suas verdadeiras habilidades. Portanto, após consideráveis tentativas de usar ferramentas psicométricas padrão e adaptá-las a nossas populações, paramos de utilizar testes estáticos, que avaliam momentos difíceis da vida, e começamos a desenvolver e usar ferramentas que nos permitiam estimar a modificação que conseguiriam com condições apropriadas (buscando formas de providenciá-las).

*Os estágios da avaliação dinâmica na LPAD*

A Abordagem da Avaliação do Potencial de Aprendizagem (LPAD) se baseia em três estágios, com intervenção e adaptação entre eles.

*A fase pré-teste.* No primeiro estágio, que parece um tipo de pré-teste, mas na realidade é muito mais, examinamos o nível atual de funcionamento do aluno, apresentando tarefas em uma variedade de modalidades selecionadas (informação de estímulo de imagem, verbais, lógicos/dedutivos ou numéricos). A resposta do examinado é observada e analisada para determinar níveis basais de desempenho e os tipos e extensão da mediação que deve ser oferecida.

*A fase de mediação ou ensino.* O segundo estágio geralmente é a etapa de intervenção mediada, que tem a intenção de ensinar ao aprendiz como lidar com sucesso não apenas com as tarefas específicas do teste (incluindo as que não foram completadas com sucesso), mas também com novas tarefas. O avaliador, que neste estágio tem a função de mediador, oferece ao aprendiz as ferramentas de pensamento necessárias para responder às demandas da tarefa – identificar e definir o problema, reunir e processar dados para a solução e formular a solução em uma resposta clara e racionalizada – conforme determinado por meio da observação da primeira fase.

*A fase de novo teste.* No terceiro estágio, após a intervenção da mediação e observação do mediador e análise dos efeitos da mediação sobre a resposta do examinado – em que o examinado recebeu ferramentas de aprendizagem –, o examinador apresenta outra tarefa (de natureza similar, mas com variações sistematicamente incluídas) e repete o processo com a observação/análise informada que descrevemos acima. Aqui, perguntamos: como o aprendiz respondeu, considerando o aprendizado que ocorreu como consequência da mediação? Até que ponto o aprendizado é usado no momento e local apropriados?

O processo pelo qual o aprendiz passa nos permite ver até que ponto o que anteriormente era inacessível se incorporou ao seu repertório de capacidade. Por este método de avaliação, somos capazes não apenas de melhorar habilidades básicas, mas também de produzir uma ordem mais alta de funções de pensamento entre examinados que foram considerados incapazes de lidar com elas.

Vamos tomar como exemplo a habilidade de fazer uma analogia – estabelecer uma relação entre dois objetos e, por meio dela, fazer uma ligação entre dois outros objetos. A analogia é uma operação mental vital, necessária no dia a dia na vida.

A figura 10.1 apresenta um exercício adaptado do Teste de Matrizes Progressivas de Raven, desenvolvido como instrumento psicométrico estático, mas que usamos como teste dinâmico. Para criar esta analogia, o examinado precisa encontrar a relação entre duas figuras na coluna da esquerda ou entre duas figuras na primeira fileira, e deduzir sua relação com as figuras da coluna da direita ou na segunda fileira. Para resolver este problema com sucesso, o examinado deve formular o princípio organizacional por trás da relação entre as formas e usá-lo para completar a forma faltante (a forma número 4 é a resposta correta para o problema).

**Figura 10.1 – Um dos problemas do "Conjunto de variações B-8 a B-12"**

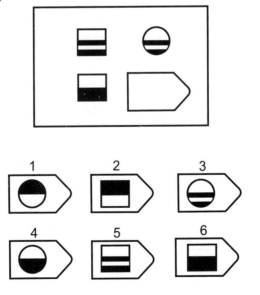

No exemplo apresentado, passando da coluna da esquerda para a direita, a forma se mantém fixa, enquanto o conteúdo interno muda de acordo com o princípio da redução. Ao mover da primeira linha para a segunda, a forma externa muda enquanto o conteúdo interno se mantém fixo. Ensinamos não apenas esta analogia específica, mas também os processos cognitivos necessários para criar uma associação e transferi-la (processo de análise, comparação, preservação de características, síntese e assim por diante). O mediador pode apresentar ao examinado duas estratégias para realizar a analogia:

- Por categorização – a distinção das famílias de círculos e quadrados e das famílias de duas linhas ou uma linha maior.

- De acordo com o princípio da transformação, distinguindo o círculo que muda para quadrado e duas linhas que se transformam em meio círculo cheio.

Quando o examinado adquire estas duas estratégias, pode então aplicá-las a uma variedade de outras situações. Portanto, avaliamos a modificabilidade dos examinados expondo-os à interação mediada. Sugerimos princípios de ação de forma direcionada, consciente e claramente formulada, e modificamos a estrutura do pensamento enquanto simultaneamente examinamos o tipo de modificação que ocorre nele.

No último estágio de avaliação, verificamos como o examinado usa as estruturas de pensamento que foram criadas pelo mediador para adaptar a novas situações e resolver novos problemas.

No início deste livro, definimos inteligência como a habilidade dinâmica do ser humano de usar o que é aprendido para se adaptar a novas situações. Este é o impulso – o motivo – que existe em um ser humano para ser modificado. Estamos interessados em avaliar a inteligência a partir deste ponto de vista. Como discutimos antes, buscamos não pelo que os indivíduos sabem agora, mas o que são capazes de alcançar por meio da mediação.

## As diferenças essenciais entre avaliação estática e dinâmica

A avaliação dinâmica difere da avaliação estática em quatro áreas: (1) nas ferramentas de avaliação, (2) na situação da avaliação, (3) na transferência da ênfase do produto para um processo que levou à sua criação, e (4) na forma de interpretar os resultados obtidos. Discutiremos as diferenças entre os dois métodos em cada uma destas áreas.

*1. Diferenças nas ferramentas de avaliação.* As ferramentas da avaliação estática são construídas com o objetivo de examinar os níveis de conhecimento, *expertise* e habilidade de uma pessoa. É esperado que o examinado seja capaz de responder a eles espontaneamente, de acordo com a idade e normas de desenvolvimento que foram estabelecidas. Se, por exemplo, um menino de 12 anos não sabe desenhar um círculo, considera-se que tem baixa realização – ou seja, tem baixo nível de desenvolvimento para a idade. Estas ferramentas não pretendem e não são capazes de mostrar a causa da falta de capacidade detectada no teste.

Testes estáticos são feitos de uma forma que não conduz a nenhum aprendizado. Em contraste, ferramentas de avaliação dinâmica são construídas para incluir situações abertamente desejadas de aprendizagem. Um teste de avaliação dinâmica é baseado na existência de um processo de aprendizagem, que é o que pretendemos avaliar. Só se a aprendizagem acontecer durante a avaliação poderemos localizar amostras de mudança e descobrir que fatores impedem que ela ocorra. Portanto, criamos ferramentas de avaliação variadas que nos permitem examinar a propensão dos examinados à aprendizagem, ao pensamento, e examinar as mudanças que ocorreram em sua habilidade de pensamento, seguindo a intervenção do avaliador/mediador.

Não estamos preocupados com questões informacionais que o aprendiz possa saber, pois estas não oferecem a oportunidade de modificar a habilidade da pessoa de lidar com novas situações. Se, por outro lado, damos tarefas ao examinado nas quais ele deve realizar processos de pensamento – como operações lógicas de adição, subtração, multiplicação, generalização, análise, síntese etc. –, criaremos condições de modificabilidade, desempenho e mudanças que podem ser observadas e registradas. Estes testes lidam com o que é denominado *inteligência fluida*, que pode ser moldada, em contraste com a *inteligência cristalizada*, que não permite a transferência dos princípios aprendidos para novas situações. Foi este objetivo que moldou o sistema de ferramentas da bateria de instrumentos LPAD, usada em todos os estágios da intervenção mediada.

Observamos e analisamos a mudança que acontece no aluno, e interpretamos como demonstração da existência da propensão, tendência ou prontidão, cuja realização demanda muito mais esforço do que podemos investir no examinado no momento da avaliação, mas que prediz o potencial para mudanças futuras e mais profundas. Elaboraremos sobre a natureza deste investimento no próximo capítulo, ao descrever o Programa de Enriquecimento Instrumental de Feuerstein (PEI).

*2. Diferenças nas situações de avaliação.* Na avaliação estática, a função do avaliador é procurar o que é fixo, permanente e imutável no aprendiz. Há a necessidade de padronizar as condições de teste para estabelecer sua validade e confiabilidade, além do tempo e das variações nos examinados. A situação da avaliação estática tem que possibilitar sua repetição em todos os tipos de lugares, com todos os tipos de populações e por diferentes avaliadores.

Na avaliação dinâmica, por outro lado, não há requisito nenhum de padronização. Existem regras consistentes e estratégias uniformes e planejadas para realizar o diagnóstico, mas, como estamos comparando o aluno somente consigo mesmo, não precisamos (nem desejamos) fazer com que as instruções da avaliação e a interação entre o examinador e examinado sejam estéreis e padrão. Pelo contrário, a situação de avaliação é montada e aplicada para que diferenças observadas no desempenho do examinado nos diferentes estágios da avaliação tenham significado. Apenas desenhando a estrutura da avaliação desta forma seremos capazes de entender por que o examinado não conseguiu resolver o problema no início do diagnóstico, e apontar para a mudança que levou ao sucesso de sua resolução posteriormente.

Outras diferenças surgem a partir da diferença na demanda por padronização. Na avaliação estática, nenhuma ação pode ser realizada para causar uma mudança na pessoa, enquanto que na avaliação dinâmica o avaliador deve agir para trazer a mudança. Na avaliação dinâmica, avaliadores farão todo o possível para criar no examinado a experiência de modificabilidade. O avaliador é, de fato, um mediador/professor ativo e envolvido. Por outro lado, na avaliação estática, o examinador deve ser passivo e distante. Ele deve evitar dar qualquer dica para o examinado, inclusive *feedback* sobre o funcionamento.

A interação entre o examinador e o examinado constitui uma parte integral da avaliação dinâmica. O avaliador, sendo parceiro responsável pelo sucesso do aluno, não está menos interessado no êxito do que o aprendiz. Ele deve inspirar no examinado o desejo de ser bem-sucedido, além de ensinar como colocar a modificabilidade vivida em prática.

O avaliador dinâmico, portanto, não é apenas um examinador, mas também um mediador e professor, que ensina e cria mudanças. Embora tenham que ajudar alunos a responder de forma espontânea, como na avaliação estática, não podem ficar contentes com estas respostas. Como mediadores, devem observar o examinado e identificar as funções deficientes, que causam dificuldade de funcionamento. Devem direcionar intervenções para repará-las e equipar alunos com as ferramentas adequadas para modificar o funcionamento (e eles mesmos).

Esta diferença na função do examinador influencia o grau de motivação dos examinados para realizar o que é pedido deles ao longo da avaliação e a relação entre eles e o avaliador. No diagnóstico estático, muitas vezes, examinados se sentem desconfiados, tensos com o desempenho e com medo da armadilha que o processo de teste está colocando para eles. Na estrutura da avaliação dinâmica, estes sentimentos mudam completamente. Em muitos casos, alunos saem de várias horas de avaliação sentindo uma habilidade que nunca tiveram antes. Após observar estas mudanças, pais de filhos avaliados na abordagem dinâmica muitas vezes nos perguntam: "Que droga você deu para meu filho?" Eles não conseguem conceber que foi a interação mediada que afetou o sentimento de capacidade e autoimagem da criança.

É importante ressaltar que estamos avaliando não apenas crianças, mas também adultos, que demonstram as mesmas reações, de acordo com o tipo de avaliação. Muitas vezes, adultos muito inteligentes e com bom funcionamento requerem uma avaliação dinâmica de sua habilidade para aprender a se adaptar a novas situações.

Mudanças na situação de teste envolvem uma grande variedade de intervenções, afetando a natureza da interação. Por exemplo, na abordagem psicométrica, dar ao aprendiz informação sobre o que causou sucesso ou fracasso, identificar o que foi aprendido ou mudado nas respostas, dentre outras, são totalmente proibidos ou muito desencorajados, porque são vistos como desafios potenciais à confiabilidade e validade dos procedimentos. Em contraste marcante, a estrutura dos instrumentos e expectativas de interação na abordagem de avaliação dinâmica/LPAD são especialmente projetados para dar tal *feedback*.

3. *Mudando a ênfase de orientação do produto para o processo.* Na avaliação dinâmica, colocamos o foco dos resultados do teste no processo pelo qual o aluno passa no decorrer da avaliação. Fazemos a pergunta: Qual é o processo que fez com que o examinado tivesse sucesso ou falhasse? São as funções da fase de *input* ou *output* (componentes mais periféricos), ou é a fase de elaboração (mais central às funções de processamento)? Estas respostas determinarão a extensão e natureza da mediação oferecida na avaliação.

O avaliador convencional dirá: "Quero saber o que você sabe e o que não sabe, o que realizou em determinado momento e o que não conseguiu alcançar neste tempo. Mesmo se souber a resposta, mas não chegar nela no tempo alocado, este conhecimento não é significativo do meu ponto de vista".

O examinador não responde às perguntas do examinado. A orientação estática convencional para o examinado é: "Você está aqui para responder a perguntas, não para fazê-las". Por outro lado, o avaliador dinâmico pergunta: "Que processo pode modificar o examinado? Como podemos gerar mudança nele?" Procuramos sinais de mudança, representando diferenças entre pré-teste e pós-teste. Ensinamos um princípio e queremos saber como o examinado o usará na nova situação que demanda a habilidade de se adaptar a mudanças. Por exemplo, se ensinei como realizar analogias formais em uma modalidade verbal, avaliarei como o examinado utiliza o que foi aprendido, cooperando com um problema que apresenta analogias numéricas.

Nesta situação, estamos interessados em saber não apenas se o examinado aprendeu a tarefa, mas também onde e como o conteúdo aprendido pode ser aplicado (generalizado) para outras áreas de funcionamento, com níveis mais altos de dificuldade e diferenças de formato, operações requeridas e assim por diante.

Esta mudança significa que o processo de avaliação dinâmica não produz ou enfatiza resultados numéricos diferentes de indicadores de níveis de desempenho iniciais (basais) e após a mediação. O resultado desejado e útil da avaliação dinâmica é a produção de um perfil de modificabilidade, isto é, uma descrição narrativa da natureza das funções cognitivas aplicadas, tipos de mediação oferecidos e mudanças incitadas.

*4. Diferenças na interpretação dos resultados da avaliação.* Na avaliação estática, os resultados dos testes são resumidos em termos quantitativos (volume de respostas corretas contra incorretas). Eles são então analisados estatisticamente, considerando as normas construídas com base nos resultados de examinados com natureza comparável (como a idade e outras variáveis). Por outro lado, os resultados da avaliação dinâmica não são interpretados com base em índices estatisticamente derivados (médias, percentis, resultados padrão etc.), que consideramos um resultado artificial feito de todos os tipos de dados cujo nível de importância difere e, mais importante ainda, não expressam o ser do aluno. Dito de outra forma, se o objetivo da avaliação é descobrir o potencial de aprendizagem do indivíduo e tratar de formas nas quais a aprendizagem pode ser facilitada para manifestar seu real potencial, o uso de comparações normativas e estatisticamente derivadas irá obstruir tal perspectiva para desvantagem do aprendiz. Na avaliação dinâmica, por outro lado, localizamos os pontos altos do funcionamento do aluno e, de acordo com eles, concluímos o que está abaixo da superfície – as habilidades que não recebem expressão e que devemos revelar e desenvolver. Examinamos não apenas a solução do examinado, mas também os motivos para a solução escolhida – a racionalização por trás da escolha de uma ou outra resposta. Procuramos as sementes da mudança, e vemos nelas a confirmação da habilidade do examinado de ser continuamente modificado, tentando definir as condições requeridas para alcançar mudanças adicionais. Somos lembrados de uma metáfora desenvolvida por Jastak, que disse que, se deseja saber a capacidade de um vaso, não se pode medir periodicamente e somar a média de medidas. É preciso "encher até a capacidade máxima" para saber seu volume potencial. Assim é com a capacidade cognitiva do aprendiz. É necessário literalmente enchê-lo para saber o que pode ser alcançado.

## As funções cognitivas e o mapa cognitivo

Analisamos os resultados da avaliação com a ajuda de dois sistemas conceituais que nos permitem descrever o processo responsável pelo funcionamento do examinado, para localizá-los e guiar nossas observações e subsequentes intervenções de mediação. Estas foram descritas em capítulos anteriores e serão revisadas aqui para serem colocadas no contexto da avaliação.

*As funções cognitivas deficientes*

Queremos saber por que o examinado, que às vezes parece pensar bem, falha de forma recorrente. Por que uma resposta incorreta é dada quando nos parece que há capacidade de dar a resposta certa? Existe uma dificuldade na formulação da resposta na fase de *output*? Talvez não foram reunidos dados suficientes, não houve um processamento adequado na fase de *input* ou há uma falha para resolver o problema, devido a deficiências na fase de elaboração. Se sim, estamos interessados em identificar as funções deficientes no desempenho do examinado e localizar o estágio no ato mental que é responsável pela resposta do aprendiz – sua natureza, qualidade, e assim por diante.

*O mapa cognitivo*

O mapa cognitivo é uma ferramenta conceitual que descreve as dimensões da tarefa que se acredita ser responsável pela falha do indivíduo em responder adequadamente. Ele nos permite analisar as características cognitivas de cada tarefa. O mapa é composto de sete variáveis, de acordo com as quais caracterizamos as demandas feitas ao examinado por determinada tarefa para entender as causas da falha ou sucesso, em vista da extensão na qual ele consegue lidar com as demandas. Existem sete variáveis para analisar uma tarefa:

- O conjunto de conteúdo com o qual a tarefa lida e a familiaridade do aprendiz com ele.

- As modalidades da tarefa. Ou seja, a linguagem na qual a tarefa é apresentada e na qual a resposta precisa ser expressa, como modalidade verbal, formal, numérica e de imagem. Uma tarefa pode ser composta de uma modalidade ou uma combinação de diversas modalidades.

- A fase de pensamento predominante na qual o desempenho da tarefa foca: o *input*, a elaboração e o *output*. Por exemplo, se é requerido que o realizador desenhe, a tarefa é focada na fase de *output*. Se for solicitado que identifique um triângulo em uma nuvem de pontos, a tarefa foca na fase de *input*.

- A principal operação (mental) de pensamento requerida para realizar a tarefa, como classificação, comparação, formulação de analogias, criação de séries, pensamento indutivo e dedutivo, e assim por diante.

- O nível de abstração do conteúdo da tarefa, uma relação entre o grau de distância entre a experiência concreta direta e o realizador e o objeto refletido na tarefa. Por exemplo, quando toco um objeto ou vejo com meus próprios olhos, a interação ocorre na distância zero. Quando chamo o objeto pelo nome, o nível de abstração é mais alto. Quando digo "duas mesas" não estou me referindo a uma determinada mesa como objeto com existência singular, mas ao conceito "mesa", que traz o objeto para um grupo composto de outros objetos com identidade compartilhada. Quando digo "móveis" estou localizado a uma grande distância, porque dou à mesa uma associação de grupo que não existe na realidade, mas em meu sistema conceitual. A abstração, portanto, é um indicador da distância que a ação de pensamento da pessoa é capaz de colocar entre ela e o objeto. É um paradoxo interessante e importante, pois, aumentando um pouco o nível de abstração, como vendo o chão da altura de um avião, não mais vemos as diferenças entre fenômenos, mas começamos a considerar as características comuns que os identificam.

• O nível de complexidade da tarefa – a quantidade de unidades de informação que a forma, seu escopo e nível de novidade da informação. Por exemplo, quando o examinado precisa saber qual será o próximo número em uma sequência organizada de acordo com a combinação de dois princípios de organização, apresenta-se uma tarefa complexa, mas se a série de números surge por uma relação constante um com o outro, então o nível de complexidade é muito mais baixo.

• O nível de eficiência requerido para realizar a tarefa. A eficiência é definida de acordo com três traços: a velocidade exigida para realizar a tarefa, a precisão necessária para a realização e o senso de esforço que acompanha o seu desenvolvimento. Enquanto os dois primeiros traços são mensuráveis, o último depende da percepção do aprendiz. O nível de precisão e velocidade requeridas para realizar a tarefa, muitas vezes, determina o nível de esforço exigido e a facilidade relativa com a qual a tarefa será realizada. Quanto mais hábil no desenvolvimento da ação, maior nível de eficiência será exigido. É importante apontar que o nível de eficiência pode ser influenciado por dificuldades em uma das outras variáveis no mapa cognitivo.

Portanto, toda tarefa lida com determinado conteúdo, é apresentada em determinadas modalidades, demanda a ativação de uma ou mais fases de pensamento, requer a ativação de operações de pensamento, tem determinado nível de complexidade e abstração e requer determinado nível de eficiência para ser realizada de forma adequada. Somos assistidos pelo mapa cognitivo para sistematicamente analisar tarefas, não apenas na avaliação dinâmica, mas em todas as áreas – incluindo tarefas regulares de aprendizagem – e para analisar tarefas de Enriquecimento Instrumental, que discutiremos no próximo capítulo.

Estas duas ferramentas conceituais – a lista de funções cognitivas deficientes e o mapa cognitivo – nos ajudam a analisar o processo de pensamento dos examinados à medida que lidam com tarefas ao longo da avaliação e a tirar conclusões sobre como modificá-los.

Para concluir nossa discussão sobre avaliação dinâmica e mostrar como seus princípios são aplicados na prática, por meio de instrumentos de avaliação, apresentamos dois testes do LPAD.

## Tarefa 1: Uma analogia formal (formas)

Para chegar à resposta correta para o problema apresentado na figura 10.2 (resposta 4), o examinado deve identificar o princípio da mudança (do topo para baixo: mudança no conteúdo interno; da esquerda para a direita, mudança da forma externa) e o princípio da preservação (do topo para baixo: preservação do espaço interno). A escolha de qualquer outra resposta (as incorretas) demonstra uma função cognitiva deficiente como: campo mental restrito, dificuldade de se referir a mais de uma variável ao mesmo tempo, dificuldade de realizar analogia, e assim por diante.

**Figura 10.2 – Tarefa D-5 do "Conjunto de variações B8 - B12"**

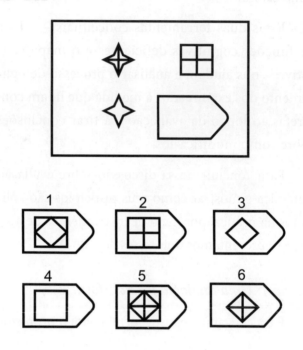

*Tarefa 2: Uma analogia verbal na área de conceitos de tempo*

No problema apresentado na figura 10.3, é solicitado que o examinado identifique o princípio pelo qual o conceito "minuto" se relaciona com o conceito "hora", projetando-o na relação entre o segundo par de conceitos; "minuto" se relacionando com "hora" assim como "mês" se relaciona com "ano" (a resposta 6 é a correta). Nesta tarefa, quatro das seis possibilidades de resposta se relacionam com o tempo, mas apenas uma (resposta 6) expressa a analogia do princípio no qual a questão se baseia. Por outro lado, a resposta 2 ("bom") não tem ligação com a analogia. Um aluno que escolhe esta resposta talvez esteja procurando conexões associativas entre as palavras. O aluno que escolhe a resposta 5 ("gordo") pode ter uma dificuldade de linguagem, confundir palavras ou agir impulsivamente, ou talvez tenha uma percepção borrada.

**Figura 10.3 – Tarefa C9 do "Teste de Analogias Trimodais"**

Para resumir brevemente, estes dois exemplos mostram como, na avaliação dinâmica, não estamos satisfeitos apenas com a resposta do aluno, mas devemos orientar nossa abordagem e a construção e apresentação das tarefas para questionar os fatores que contribuem com as respostas do aluno, o que leva ao desenvolvimento de intervenções (mediação) que têm a intenção de aumentar o potencial para desempenho adequado.

# 11

## Criando mudança cognitiva estrutural
### O Programa de Enriquecimento Instrumental de Feuerstein (PEI)

Após assumirmos e avaliarmos a existência de modificabilidade em alunos e todos os seres humanos, agora estamos prontos para tratar de nossa próxima pergunta: Se uma pessoa é modificável, como criamos as condições para que isso aconteça? Esta resposta nos conduz ao segundo método aplicado que foi construído a partir da aprendizagem mediada – o Programa de Enriquecimento Instrumental de Feuerstein (PEI). O termo instrumental denota um processo que aplica ferramentas especificamente desenhadas para mediar a aquisição de funções cognitivas aprimoradas.

Começamos a montar o sistema de instrumentos em aproximadamente 1957. A intenção era mediar para a pessoa o processo necessário para melhorar a habilidade de aprendizado e derivar o máximo de benefício da exposição a uma variedade de tarefas que requeriam o uso de operações mentais. Com a ajuda dos instrumentos, queremos criar nos aprendizes as estruturas de pensamento e motivações emocionais que os permitirão se modificar durante o contato direto com a informação, estímulo e experiências.

Não é segredo que muitas crianças saem da escola como a raposa que saiu do vinhedo na fábula: mais magra do que entrou. Não absorvem o que foi aprendido e, mesmo quando absorvem, não usam o que aprenderam para se adaptar a novas situações. Também é uma triste realidade que a maioria dos sistemas educacionais ainda coloca a transmissão de conhecimento como o principal objetivo da instrução, ao invés de enfatizar o desenvolvimento do pensamento. Existem pelo menos dois grandes problemas com a ênfase na transmissão do conhecimento, do nosso ponto de vista: Há muitas diferenças entre alunos quanto à sua habilidade de usar o conhecimento que receberam para se adaptar a novas situações, e os fatos aprendidos logo serão obsoletos no mundo de rápidas mudanças de conteúdo e habilidades requeridas. O PEI, por outro lado, tem o objetivo de criar nos seres humanos as funções mentais que são pré-requisitos para aprender e incentivar o desenvolvimento de estratégias para se beneficiar da aprendizagem.

Por meio deste método, focamos na mudança de indivíduo e, finalmente, dos sistemas educacionais fundamentais onde aprendem – os professores, as estruturas organizacionais e eventualmente até os materiais de instrução (cf. capítulo 13). Fazemos a pergunta: Podemos modificar aprendizes para que derivem benefício não apenas de situações ótimas de aprendizagem, mas também de materiais de instrução menos bem-sucedidos ou de um professor que não dá ao aprendiz o que é necessário para ter sucesso? A resposta, que elaboramos no capítulo 13, é que não nos contentamos apenas com a modificação do aluno, mas com a necessidade de um foco mais amplo na estrutura do sistema educacional onde ocorre a aprendizagem. O PEI responde a estas questões, mas não se sustenta sozinho.

Com relação a isto, estamos preocupados também com a modificação das crenças dos professores com relação ao potencial de aprendizado e sua modificabilidade, além de suas estruturas para ensinar alunos (i.e., os processos e conteúdo do aprendizado). Cremos, e vivemos na prática, que, à medida que professores são expostos à teoria da MCE e EAM, junto com o programa PEI, podem ensinar de forma diferente em suas áreas, relacionando-se melhor com alunos – estejam ou não ensinando PEI de forma ativa.

A fonte do poder do PEI é sua base teórica – a aplicação da teoria de MCE e EAM. A partir destes princípios desenhamos a estrutura dos instrumentos, seu conteúdo e formas de mediação que acompanham sua ativação.

## Os instrumentos do PEI e seus princípios de uso

O PEI representa a aplicação embutida do método de aprendizagem mediada. É, de fato, um programa de interação mediada, realizado na estrutura de um sistema de tarefas e exercícios. O programa tem dois níveis: PEI-Padrão, composto de 15 instrumentos transmitidos em um contexto de sala de aula, por 3 a 5 horas por semana, em um período de 2 a 3 anos, de acordo com o nível dos aprendizes e seu funcionamento; e o PEI-Básico, atualmente composto de 11 instrumentos. O Básico é designado para crianças de 3 ou 4 anos até aproximadamente 7 anos, e também para o aprendiz mais velho com funcionamento muito baixo. Atualmente está em estado de maior desenvolvimento e espera-se que instrumentos adicionais sejam incluídos no programa com o tempo. (O capítulo 13 elabora melhor sobre o PEI-B.)

O programa é transmitido por um professor/ mediador, que saiba aplicá-lo adequadamente e acredite na modificabilidade do aprendiz e na necessidade de ajudá-los com isso, e que entenda a função central do pensamento no desenvolvimento da modificabilidade.

Preferimos ensinar em um ambiente de sala de aula, e não individual, porque a sala possibilita maior intensidade de mediação ao que é transmitido na interação entre duas pessoas. Além da mediação do professor, as crianças também fazem uma mediação entre si, adicionando uma interação qualitativa.

Os instrumentos em si ajudam a mediação para aquele que realiza as tarefas determinadas. Eles são construídos de forma que quem aprende chega à consciência do processo de pensamento durante a realização das tarefas. Ao mesmo tempo, as tarefas não se sustentam sozinhas como um instrumento de trabalho para o pupilo. Os instrumentos colocam o aprendiz em situações em que deve aceitar ajuda. Até mesmo adultos mais resistentes se veem pedindo ajuda ao trabalhar com instrumentos de enriquecimento.

## A *estrutura dos instrumentos*

Os instrumentos de enriquecimento lidam com aspectos diferentes de relacionamentos. São montados como aulas individuais, que são gradualmente compiladas em cadernos ou portfólios de trabalho integrados que podem ser consultados e revisados. Contêm tarefas escritas, apresentadas em diferentes modalidades – imagem, verbal, fotografia e numérica. Os instrumentos lidam de maneira focada com relacionamentos, porque, em nossa opinião, entender uma relação representa a base para o desenvolvimento do tipo de pensamento abstrato, criativo e flexível requerido para obter modificação cognitiva estrutural.

Cada instrumento é focado em um aspecto primário dos relacionamentos: por exemplo, o instrumento de *percepção analítica* lida com a relação entre o todo e sua parte; o instrumento de *silogismos* foca nas relações entre grupos. Outros lidam com relações de tempo, espaço, tamanho, família e assim por diante. Muitas vezes, existem associações e conceitos secundários que são vividos à medida que as relações primárias são encontradas.

Os instrumentos de enriquecimento têm a intenção de ativar as funções cognitivas necessárias para desenvolver a habilidade de pensamento e aprendizagem. Cada instrumento começa com tarefas relativamente simples, apesar de adultos inteligentes também precisarem investir esforço para respondê--las de forma adequada. Gradualmente, as tarefas ficam mais complexas, requerendo ativação intensiva dos processos mentais nas fases de *input*, elaboração e *output*. Elas são selecionadas, pensadas e direcionadas para o desenvolvimento de pensamento sistemático e de habilidades de aprendizagem que ativam e reparam (se necessário) as funções cognitivas deficientes.

Os instrumentos apresentam um conteúdo de aprendizagem generalizada, e, portanto, há exigência mínima de conhecimento prévio específico para trabalhar com eles. Porém, a realização das tarefas obriga o aprendiz a ativar e usar funções cognitivas. Devemos ilustrar estas qualidades com exemplos de diversos instrumentos.

### Exemplos de diversos instrumentos

*Relações transitivas.* As relações transitivas que o aluno precisa descobrir são formuladas no esquema da tarefa da figura 11.1: Se $A + B = C + D$, e $A = D$, qual será a relação entre B e C?

O aprendiz deve realizar pensamento transitivo, ou seja, transferir conhecimento de um lugar para outro e criar novo conhecimento a partir do que foi transferido.

Figura 11.1 – Um exemplo das "Relações Transitivas"

$$A + B = C + D$$
$$A = D$$
$$B \, ? \, C$$

1. Preencha com o que está faltando

Em uma corrida de revezamento, o tempo da corrida de Jack + Jill ☐ O tempo da corrida de Hansel + Gretel

O tempo de Jack ☐ O tempo de Gretel

CONCLUSÃO: O tempo de Jill ☐ O tempo de Hansel

*Comparação.* No exemplo mostrado na figura 11.2, o aprendiz deve comparar dois desenhos e apontar o que é comum neles (andar), e o que é diferente (os objetos sendo montados). A demanda para formular a comparação com uma única palavra tem o objetivo de fazê-lo chegar a um padrão conceitual mais alto: reconhecer o denominador comum das duas pessoas no cavalo e na bicicleta e extrapolar o conceito de andar em algo. O ato da comparação dá ao aprendiz a habilidade de extrair dos dados novas informações, não incluídas na pergunta.

**Figura 11.2 – Um exemplo das "Comparações"**

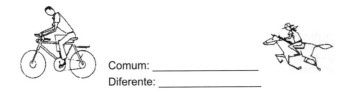

*Organização de pontos.* No exemplo mostrado na figura 11.3, o aprendiz deve identificar dois quadrados e um triângulo em uma nuvem de pontos, de acordo com o exemplo dado à esquerda. Para encontrar estas formas, além da percepção correta, é preciso ter habilidade de realizar representação – imaginar na mente o que acontecerá com o modelo se for girado, se o triângulo for colocado ao lado do quadrado e sua posição for alterada.

**Figura 11.3 – Um exemplo da "Organização de Pontos"**

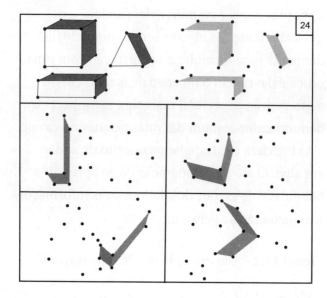

Estes exemplos ilustram como os instrumentos melhoram a habilidade de aprendizagem. O aluno aprende onde e como procurar dados, como formular um princípio, como determinar o que é esperado, mas ainda não existe, e como definir objetivos e alcançá-los. Neste instrumento, a cognição é colocada a serviço de ajudar a percepção – usamos a metáfora de fornecer "muletas cognitivas para a percepção manca".

## O conteúdo dos instrumentos

Os conteúdos do PEI foram desenvolvidos para ativar os processos de pensamento. Quando pedimos que o aprendiz conecte pontos para encontrar formas geométricas, fica claro que a tarefa tem conteúdo. Mas este conteúdo é apenas um meio de ativar os processos de pensamento. Estamos interessados em acordar o desejo do aprendiz de planejar, reprimir impulsos e encontrar relações entre objetos, que existem apenas por causa da sua organização. Consequentemente, o conteúdo não tem significado em si, é apenas um meio para alcançar nossos objetivos.

## Os objetivos de aprendizagem do programa

O método presente nos instrumentos e a apresentação de aulas ensina o aprendiz a pensar e utilizar estratégias de pensamento sem ser limitado pelo conhecimento de determinado assunto ou se basear nele como fonte de conhecimento. Isto contrasta com outros programas, nos quais a habilidade de pensamento é desenvolvida junto com o conteúdo (conhecido como conhecimento de domínio específico), como matemática, geografia, literatura ou qualquer outro assunto de estudo. Acreditamos que as funções de reunir dados e elaborar sobre eles ajudam muito nas áreas de conteúdo. Sem estas habilidades, aprender conteúdo será ineficiente e talvez impossível.

## As metas do PEI: subobjetivos para alcançar o objetivo principal

*Os principais objetivos do programa*

O principal objetivo do PEI é aumentar a modificabilidade de uma pessoa. Para derivar benefício das oportunidades de aprendizagem de qualquer tipo, o pupilo deve ser capaz de aprender a partir de suas experiências, tenham sido criadas elas intencionalmente para desenvolver o pensamento ou ocorrendo por si mesmas como experiências às quais foram expostos no dia a dia.

A habilidade de aprender e derivar benefício do aprendizado não existe no mesmo grau em todos nós. Há pessoas que derivam benefício da exposição aleatória ou intencional, outras são mais limitadas nesta habilidade. Quando somos expostos a muitas experiências e estímulos, mesmo os poderosos, podemos ser apenas minimamente influenciados por eles.

A habilidade de aprender demanda desenvolvimento em todos nós, independente de nossa inteligência ou nível anterior de desempenho. Não é intrínseco, como comumente presumido. Quem de nós não teve contato com pupilos comuns ou bem-dotados que não conseguiram distinguir entre dados que são relevantes para a tarefa nas quais estão engajados e dados que não são? E esta não é uma função de *status* socioeconômico; todo mundo se sente impotente quando exposto a demandas avançadas. Tais situações chegam ao pico em países que impõem exames de matrícula em seus alunos formandos. É difícil cumprir tais demandas sem desenvolver a habilidade cognitiva de aprender.

Portanto, o PEI também se destina a pessoas com alto nível de funcionamento que precisam melhorar sua modificabilidade para se adaptar às mudanças rápidas acontecendo ao seu redor. Na realidade, esse método tem sido usado em muitas indústrias de alta tecnologia na França (Snecma, Peugeot, Renault e outras) e nos Estados Unidos (Motorola), com o objetivo de equipar profissionais com estratégias adicionais de pensamento às que já possuíam, para que pudessem se adaptar às crescentes demandas recebidas no contexto de seu trabalho nas indústrias.

Aqueles que acham difícil aprender requerem não apenas a habilidade de processar estímulo, mas também um fator que os ajuda a fazer com que o estímulo seja significativo para eles. Precisam desenvolver a tendência de explorar o estímulo para acumular experiência e se moldarem por meio dele, e precisam ser mais flexíveis do ponto de vista cognitivo, desenvolvendo esquemas de pensamento que permitam uma interação com dados novos. Também precisam aprender novas formas de percepção, processamento e resposta. Isto inclui (nos termos de Piaget) a assimilação do que é novo e mais complexo, e a cristalização pelo mesmo processo da assimilação na direção da acomodação e adaptação a novas situações. Assim, a pessoa com dificuldade de aprender e derivar benefícios das experiências alcançará mais habilidade.

## Os subobjetivos

Para alcançar o grande objetivo do programa, definimos seis subobjetivos que embasam as tarefas, refletindo os princípios didáticos de acordo com os quais expomos o programa aos alunos. As tarefas e estrutura do PEI também incorporam as relações especiais entre professor/mediador e pupilo/mediado – a provisão da EAM.

*Subobjetivo 1: corrigir funções cognitivas deficientes.* O que foi previamente apresentado como condição para o aprendizado agora é descrito como subobjetivo. De forma mais concreta, estamos interessados em corrigir as funções cognitivas deficientes que identificamos pela avaliação dinâmica no LPAD, ou por meio de observações iniciais das respostas dos alunos aos instrumentos do PEI. Nosso foco é nas funções responsáveis pelas habilidades limitadas de aprendizagem e modificabilidade.

As tarefas são construídas para ativar funções cognitivas. Quando os alunos encontram dificuldade para lidar com a tarefa, suas funções deficientes ficam em evidência. Eles se tornam cientes delas à medida que não alcançam a resolução do problema – talvez por falta de organização, coleta de dados imprecisa, trabalho não sistemático ou falta de outras funções cognitivas relevantes e necessárias.

Por exemplo, na tarefa do instrumento *Organização de Pontos*, que apresentamos acima, a ação de separar determinada figura de uma nuvem de pontos demanda regulação do comportamento, supressão de alguma informação, controle da impulsividade e preservação de constâncias, ou seja, a preservação da imagem e sua identificação apesar da mudança de posição, e apesar de estar escondida em uma nuvem de pontos sem forma. Para realizar esta tarefa, a percepção do aprendiz precisa ser muito mais exata que na situação em que não há necessidade de isolar o que estamos buscando entre um número maior de estímulo. É preciso desenvolver estratégias eficientes de busca e usar processos cognitivos para solucionar o problema.

Na busca pela figura escondida (no caso acima com dois quadrados e um triângulo), é preciso reunir informações mais exatas sobre ela, para comparar os traços do quadrado com os do triângulo ou retângulo e distinguir entre eles. Para usar este critério quantitativo – por exemplo, o número de lados e o número de ângulos –, conceitos como distância e comprimento devem ser aplicados. Para identificar a forma quando sua direção é diferente, também é preciso ser capaz de preservar constâncias. Para encontrar uma figura em uma nuvem de pontos, é necessário estabelecer relações, e assim por diante.

As lacunas colocadas na tarefa criam no aprendiz uma dissonância cognitiva, que desperta a necessidade de ativar o processo requerido para chegar à solução, ou seja, fechar as lacunas e restaurar o equilíbrio.

Os resultados das ações do aprendiz possibilitam o *feedback* imediato, o que permite a correção de erros e cria maior prontidão para suprimir a impulsividade, reconstruir suposições e chegar à solução correta. O PEI é programado para confrontar o aprendiz com estímulo, experiências e tarefas que corrigem as funções deficientes específicas.

*Subobjetivo 2: dar ou melhorar um sistema de conceitos e operações de pensamento básicos.* A existência de conceitos básicos como *quadrado, triângulo, centro, antes, depois, idêntico, similar* e *diferente* constituem uma condição para realizar as generalizações necessárias para a transferência do aprendizado. Mas estes conceitos nem sempre estão disponíveis para o aprendiz, e devemos dá-los como pré-requisito do aprendizado. Operações de pensamento como analogia, comparação, multiplicação lógica e subtração devem ser parte do repertório de habilidades cognitivas do aprendiz. Estes conceitos requerem uma denotação verbal – o aprendiz pode saber o que é analogia, mas não ser capaz de dar nome e generalizar a partir dela como um conceito operacional aplicado a outras tarefas e situações.

Este subobjetivo é alcançado principalmente por meio da intervenção ativa do professor/mediador, que dá ao aprendiz os conceitos e as operações de pensamento necessárias para realizar a tarefa em linha com seus requisitos específicos. Considere o exemplo na figura 11.4. Para realizar esta tarefa, o aprendiz precisa conhecer conceitos de tamanho, forma e direção e também seguir as instruções usando a familiaridade conceitual.

*Subobjetivo 3: dar a habilidade de generalizar e transferir o que é aprendido.* Conduzir o aprendiz a generalizar e transferir o conhecimento adquirido para uma nova situação constitui um objetivo central do aprendizado. Este subobjetivo, que muitas vezes é negligenciado em diversos programas, é alcançado principalmente pela criação de um *insight* nos aprendizes sobre o processo de pensamento e dá a eles oportunidades imediatas de colocá-los em prática. O mediador analisa o processo com os aprendizes, torna-os conscientes dele, e também permite que cheguem ao *insight*: "Ah, ah! Posso usar o método que usei aqui em outro lugar".

**Figura 11.4 – Um exemplo de "Instruções"**

As figuras estão arranjadas na linha em
ordem de tamanho

A figura cinza é maior que a figura
_____ e _____que a
figura branca.

A figura maior está no lado _____.

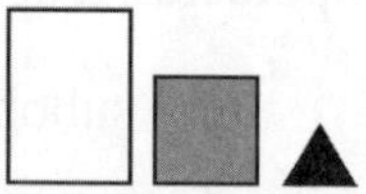

O pensamento com *insight* permite que o aprendiz entenda que funções ativadas em determinada tarefa também são relevantes em outras. *Insights* os direcionam para descobrir as mudanças que aconteceram em sua estrutura cognitiva. Estas mudanças irão constituir uma fonte de novas estratégias que serão implementadas em outras e diferentes situações às quais foram expostos.

A aprendizagem com *insight*, que leva à generalização e transferência do que é aprendido, é intimamente ligada ao conceito de transcendência, definido como parâmetro da EAM (conforme discutimos nos capítulos 5 e 6). A relação do mediador com o aprendiz não é direcionada apenas para o sucesso na tarefa atual, mas deve olhar adiante, para tarefas que serão respondidas no futuro.

Muitos programas não são bem-sucedidos em conduzir o aprendiz à generalização e transferência porque se baseiam na suposição de que isso acontece espontaneamente no aprendiz, como se derivassem unicamente de dentro da pessoa. O PEI, em contraste, promove ativamente o desenvolvimento de generalização por meio das tarefas e da forma como são mediadas, começando com a estrutura da instrução – explicitamente enfatizando a aquisição e uso de conceitos.

As regras, princípios, estratégias, costumes e hábitos que foram adquiridos são transferidos pelo aprendiz para áreas que não estão direta ou imediatamente ligadas à tarefa inicial, por meio de um processo que chamamos de *ponte*. No processo de ponte, o mediador direciona o aprendiz para buscar constantemente por situações cujos pontos de similaridade fazem com que seja possível aplicar o mesmo princípio a elas. A transferência é garantida quando o aprendiz consegue comparar situações, descobrir seus pontos de diferença e similaridade, se referir à experiência acumulada na resolução de problemas em situações similares e escolher a estratégia que se provou útil no passado para resolver um novo problema. Desta forma, o aprendiz usa as operações mentais e estratégias de pensamento aprendidas. Este subobjetivo pode ser ilustrado por meio da tarefa do instrumento de *Organização de Pontos*, conforme mostrado na figura 11.5.

**Figura 11.5 – Uma tarefa de "Organização de Pontos"**

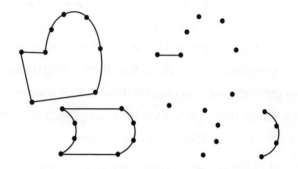

Após ter interiorizado as formas (quadrado e triângulo) nas primeiras páginas do instrumento, o aprendiz deve transferir as estratégias aprendidas (como analisar a forma da imagem, o número de lados, a relação entre eles, os ângulos e assim por diante) e usá-las em uma tarefa nova e mais complexa, envolvendo formas curvas e irregulares.

*Subobjetivo 4: desenvolver motivação intrínseca.* A fonte da motivação do aprendiz de aplicar o que foi aprendido pode ser extrínseca, como responder às demandas de um professor/mediador ou buscar recompensas pela realização de tarefas, conforme ocorre com muitas tarefas de nosso dia a dia. Ao mesmo tempo, nosso objetivo também é desenvolver as fontes de motivação interna do aprendiz, pois nem sempre há ligação clara e imediata entre o desempenho, as demandas e as recompensas, e o desejo de realizar não pode depender exclusivamente deles.

Em muitos programas, falta o apelo a uma fonte motivacional intrínseca. Isto é particularmente importante para alunos com deficiências de aprendizagem ou história de fracasso anterior. Uma pessoa que tem deficiência de aprendizagem geralmente é realista e deseja aprender apenas o que trará benefício imediato. Os processos de pensamento de ordem mais alta são de pouco interesse. Portanto, como criaremos motivação intrínseca para o funcionamento que não responde a uma necessidade tangível, real e imediata?

Tentamos produzir motivação intrínseca por um processo de dois estágios: No primeiro estágio, que tem o objetivo de alcançar o subobjetivo que estamos descrevendo aqui, direcionamos a mediação para a criação de interesse na tarefa, o desejo de realizá-la e a consciente habilidade de ter sucesso nela – e então ligá-la a benefícios e prêmios claramente relacionados e relevantes para a realização bem-sucedida. Isto ainda depende de uma fonte externa – na natureza particular da tarefa e requisitos para responder a ela –, mas é ligada ao desempenho em si, e então relacionada a um terceiro fator, o de alcançar sucesso e recompensa.

No segundo estágio, que visa a alcançar o próximo subobjetivo, desenvolvemos no aprendiz uma motivação intrínseca para aprender e realizar as tarefas, nominalmente o desejo de realizar que não é condicionado pela forma na qual a tarefa e interações ao redor dela são projetadas e recompensadas.

Aqui devemos apontar as diferenças entre esta abordagem e programas baseados apenas na modificação comportamental, como o programa ABA, popular nos Estados Unidos e em outros lugares. Nele não há necessidade de ligar resultados comportamentais com estados internos de mudança ou conduzir os aprendizes para fora dos reforços óbvios, com foco no ganho de significado pessoal na realização da tarefa por si só – movendo de uma motivação extrínseca para intrínseca. Vemos isto como uma séria limitação em tais programas, por motivos que colocamos aqui.

Para aprendizes desejarem realizar uma tarefa, ela deve atraí-los e interessá-los. Alcançamos isso com tarefas que são mentalmente difíceis e complexas, e com as quais o aprendiz lida com a ajuda da mediação apropriada. Após terem sucesso na realização da tarefa com a ajuda do mediador, eles são encorajados a continuar trabalhando de forma independente, por meio da estrutura da lição do PEI e ênfase na formação de pontes.

As tarefas do programa são montadas de forma que todos os aprendizes, incluindo os com dificuldade de aprendizagem e os de alto funcionamento, e também os professores precisam investir esforço nelas. Apresenta um desafio para todos, porque a complexidade da tarefa vem da exigência de atividade mental, e não de conhecimento prévio.

Ilustraremos o desenvolvimento no grau de complexidade de tarefas do instrumento *Progressões Numéricas*.

**Figura 11.6 – Tarefas de "Progressões Numéricas"**

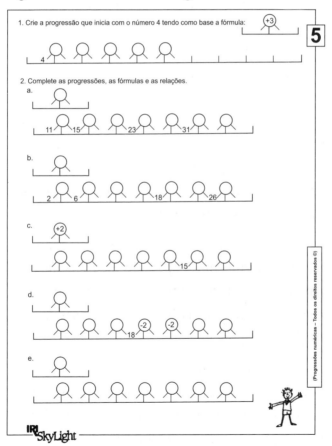

De uma ilustração relativamente simples dos relacionamentos, o aprendiz deve resolver progressões de complexidade diferente e crescente, analisando as relações numéricas e a forma como são esquematicamente mostradas.

A motivação advinda do interesse que a tarefa promove no aprendiz é significativa, tanto do ponto de vista da realização da tarefa como de um ponto de vista social. Com relação à tarefa em si, o significado está na vontade (em alguns momentos um forte desejo) de realizar as operações mentais que a tarefa demanda. Do ponto de vista social, como a realização da tarefa requer interação com o professor/mediador e com colegas, muitas crianças que constantemente lidam com fracasso em sala de aula aprendem, por meio da exposição à estrutura e apresentação do PEI, que são capazes de ter sucesso, assim como os bons alunos.

O prazer na situação de sala de aula representa, como norma, um sentimento inteiramente novo para aqueles que têm dificuldade de aprendizagem, cuja experiência primária tem sido apenas de frustração e desapontamento.

Professores e alunos se veem muito perto um do outro ao realizarem as tarefas de enriquecimento, pois demandam investimento de esforços de todo mundo. Assim, a interação dinâmica dos três parceiros com a EAM (professor/mediador, tarefa e pupilo) se torna mais equilateral que em outras situações de aprendizagem. Os pupilos recebem a oportunidade de terem sucesso e se sentirem capazes em áreas onde até mesmo os adultos devem se esforçar, e os aprendizes são atraídos a tarefas que mudam seu *status* com tal eficiência.

Aqueles que aprendem de acordo com o programa não recebem notas ou marcas de avaliação, mas extraem dele um senso de realização pessoal, que é mais importante para eles que a nota dada pelo professor. Muitos alunos começam a viver melhorias em seu funcionamento acadêmico, que muitas vezes atribuem à experiência com o PEI.

*Subobjetivo 5: criar motivação intrínseca pela consolidação de hábitos de pensamento.* Depois de melhorar a habilidade de pensamento, introduzir novas formas de pensar e aumentar o desejo de aprender o programa, precisamos garantir que tudo que está sendo exigido não irá sumir com o tempo por falta de uso, mas se tornará uma necessidade intrínseca e permanente.

Criamos no aprendiz a necessidade permanente de realizar desta forma, e não de outra, ao transformar o desempenho desejado em hábito. Um hábito é uma fonte de motivação intrínseca para o comportamento – quando estamos acostumados a fazer algo, não fazemos por ser necessário, mas porque acostumamos a responder desta forma.

A criação de hábitos é considerada oposta à aprendizagem por meio da descoberta, em uma abordagem espontânea e flexível. Portanto, muitos programas de aprendizagem tendem a negligenciar ou se opor à estrutura de hábitos de pensamento. Eles requerem que o aprendiz aplique um princípio que foi aprendido em uma situação específica e imediatamente vá aprender outro. Não há nenhuma tentativa de criar ou consolidar hábitos de pensamento.

A construção de hábitos geralmente requer mais tempo do que a proposta regular de aprendizagem, na qual princípios e normas são aprendidos em sequência. Para criar um hábito de aprendizagem, é necessária atividade intensa – se eu faço exercício físico a cada 3 meses, o hábito da atividade física não será desenvolvido em mim, mas será desenvolvido se eu exercitar 3 vezes por semana (e começar a sentir os efeitos positivos).

O hábito é criado, portanto, pela repetição. Mas a repetição em si é vivida como monótona, mecânica e não requer processo de pensamento. No PEI, repetimos a tarefa, retendo o princípio básico, mas fornecendo uma variação sistematicamente estruturada. O aprendiz realiza muitas repetições, mas nunca exatamente o mesmo exercício, vivendo variações dele. Cuidamos para deixar um ou dois parâmetros constantes, mas mudar todos os outros, então mudamos os dados do problema enquanto preservamos os processos de pensamento. Desta forma, o hábito não é criado às custas do desenvolvimento da habilidade de lidar com novos problemas. O aprendiz encontra em cada tarefa uma combinação de elementos e ações familiares que são repetidas, junto com novos elementos que complicam ou enriquecem a tarefa, e devem ser descobertos apesar da familiaridade com o problema. Isto requer que o indivíduo se adapte à inventividade da tarefa.

A técnica que usamos para criar hábitos é baseada no processo de acomodação e assimilação de Piaget, que descrevemos acima. Criamos no aprendiz um esquema de pensamento por meio da repetição destes comportamentos, e então, para o esquema absorver os novos elementos, criamos condições que preservam sua flexibilidade. Um hábito flexível é criado, portanto, por meio de repetição adaptada. O hábito é produzido com relação à orientação, princípio e ativação de um processo de pensamento, e sob nenhuma circunstância com relação a determinada solução.

Se desejo observar o voo de um pássaro, por exemplo, usarei óculos ou binóculos? Nosso objetivo não é fazer com que o aprendiz sempre escolha óculos, obviamente, mas criar o hábito de considerar o que usar e tomar decisões que se conformam com a situação em questão – eu quero ver os detalhes do pássaro de perto ou observar o panorama do pássaro em voo? Isto determinará a escolha do que utilizar para observar o pássaro. Ilustramos a repetição controlada por meio de uma tarefa do instrumento Orientação Espacial I, na figura 11.7.

Esta tarefa pretende fazer com que o aprendiz interiorize a relatividade da direção em que diversos objetos são encontrados e descritos, com relação à pessoa que os contempla. O princípio do relacionamento é aplicado novamente em cada componente da tarefa, mas os dados e a forma de perguntar mudam.

A necessidade de consolidar os processos cognitivos adquiridos é especialmente marcada nas fases de *input* e *output* do ato mental, onde existe maior resistência à mudança do que na fase de elaboração. Portanto, demandam maior investimento para atingir um nível mais alto de automatização e eficiência. Por exemplo, se desejamos fazer com que um aprendiz invista esforço para clarear e aprimorar sua percepção, devemos fornecer diversas situações que fortaleçam isso. Este também é o caso na fase de *output*: Entender o termo impulsividade, por exemplo, não é o suficiente para suprimi-lo. Primeiramente, precisamos neutralizar o hábito de responder impulsivamente, e a melhor forma de se livrar de um hábito é substituir por outro mais desejável – "Vamos responder lenta e cuidadosamente para que você possa entender!"

É possível explicar o aumento de efetividade do PEI encontrado na pesquisa de Rand e outros (1981), pelo menos parcialmente, pelo processo de consolidação e moldagem dos hábitos de pensamento do aprendiz – hábitos reforçados pelo tempo e repetição.

**Figura 11.7 – Tarefa da "Orientação Espacial I"**

 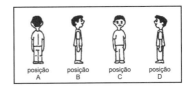

1. Em que lado do garoto está o objeto?

| Posição | Objeto | Lado da pessoa |
|---------|--------|----------------|
| 1.B | Casa | |
| 2.C | Flores | |
| 3.A | Flores | |
| 4.D | Árvore | |
| 5.C | Banco | |
| 6.C | Árvore | |
| 7.A | Casa | |
| 8.D | Banco | |

Um dos principais objetivos desta tarefa é transformar o ser humano de um receptor passivo e reprodutor de informações em um criador de novas informações. O aluno que cria informação é muito diferente daquele que está inteiramente orientado para copiar dados e passivamente reconstruir unidades de informação.

Esse subobjetivo talvez seja o mais importante para o aprendiz em desvantagem. Em muitos casos, as dificuldades de funcionamento e aprendizagem derivam da percepção de si mesmo como receptor passivo de informação, e no melhor caso como reprodutor da informação recebida. O sujeito não tem expectativa ou prontidão para se ver na função de criador da informação.

Muitos programas destinados a desenvolver habilidade de resolução de problemas se baseiam na premissa de que este comportamento deve ser ensinado ao aprendiz. Porém, pessoas com baixo nível de funcionamento não têm esta inclinação básica. Portanto, quando confrontados com as tarefas que requerem a ativação de novas formas de pensamento e novas estratégias, a experiência de lidar com sucesso com o desafio destas tarefas leva a uma mudança na percepção própria – como alguém que é capaz de generalizar e criar novas informações.

Alunos com baixo nível de funcionamento frequentemente culpam a falta geral de exposição pelo fracasso – "Nunca aprendi que... ninguém me ensinou isso... ninguém me falou para aprender aquilo..." –, como se todo o seu conhecimento dependesse inteiramente de fontes externas a eles. A dependência da direção externa foi descrita por Zigler e Butterfield (1986) como um fenômeno típico de indivíduos com deficiência intelectual. Eles mostram como este fenômeno influencia a fase de *output*, mesmo quando o problema foi processado de forma satisfatória, pois pupilos com deficiências de aprendizagem não se consideram capazes de resolver um problema que nunca foi explicado para eles. Em programas destinados a alunos com deficiências de aprendizagem, devemos criar, portanto, situações e condições que irão mediar a habilidade de generalizar, criar informação e ser um aprendiz mais eficiente.

## O dilema entre conteúdo e processo

O processo de dar formas de pensamento por meio do PEI ocorre, como dissemos, com base em ações que têm pouca ligação direta com o currículo escolar. Os instrumentos que criamos não ensinam leitura, matemática ou geografia, mas fornecem ao aprendiz o equipamento necessário para aprender estes assuntos com maior eficiência.

Estratégias de pensamento podem ser desenvolvidas fora de determinada área de aprendizagem? Estratégias de aprendizagem que não têm relação direta e específica com o conteúdo acadêmico têm significado? Existem aqueles que defendem que não há pensamento universal que se encaixe em qualquer situação e conjunto de conteúdo. De acordo com este argumento, ao invés de ensinar o pensamento por meio da matemática, devemos dar princípios de pensamento em matemática, por exemplo, para que possamos usá-los para solucionar problemas matemáticos. O PEI é baseado em uma visão oposta: de que o conteúdo é melhor adquirido quando o aprendiz está equipado com estratégias e conceitos gerais de aprendizagem, que podem ser aplicados a uma variedade de conteúdos específicos. Nossa experiência na aplicação do PEI nos últimos 50 anos demonstra a eficácia desta abordagem.

## Evidência para a modificação estrutural do sistema cognitivo

O PEI é capaz de modificar estruturalmente o sistema cognitivo do ser humano. Em mais de 5 décadas de desenvolvimento e aplicação, foi realizada uma pesquisa extensiva. Apresentamos um exemplo de pesquisa conduzida que ilustra a modificação cognitiva que o PEI produz.

Comparamos dois grupos de alunos de 12 a 14 anos que receberam o programa PEI com dois grupos de controle que não receberam. O programa foi transmitido para um grupo em contexto de internato e para o segundo grupo em um contexto externo de centro juvenil. Os alunos tinham QIs testáveis, variando de 50-80 e níveis de desempenho de aprendizagem de crianças de 9-10 anos. Portanto, havia uma lacuna de 3 a 4 anos de aprendizagem entre o padrão e sua idade.

Nos dois grupos de teste, eles receberam 200 horas do programa PEI em um período de 2 anos com o objetivo de aumentar sua habilidade de aprendizagem e modificabilidade. Durante estes 2 anos, os grupos de controle receberam 200 horas de leitura, escrita e matemática, além da exposição normal à instrução no lugar das horas adicionais do programa PEI recebidas pelo grupo de teste.

Um ano depois, ao examinar as crianças, descobrimos certas diferenças pequenas mas significativas em favor dos grupos de teste. Porém, após dois anos, as diferenças estavam muito pronunciadas. A descoberta mais interessante foi que crianças que receberam as 200 horas adicionais de enriquecimento acadêmico não tinham maior realização que as que não as receberam, apesar de estarem em um nível muito baixo nestes assuntos. Por outro lado, as crianças nos grupos de teste foram superiores às do grupo de controle em tudo que se relacionava com seu modo de pensar ao lidar com um problema. A figura 11.8 ilustra as descobertas do estudo inicial. No gráfico, a linha negrito sólida representa o grupo de controle, a linha reta sólida representa a tendência normal e a linha espaçada representa os grupos de teste.

Apesar do fato destas diferenças serem consistentes com nossas expectativas e previsões, não ficamos satisfeitos com elas, e desejamos saber o que aconteceria três anos após o fim do programa. Nossa pergunta era se as diferenças encontradas a favor dos grupos de teste seriam mantidas ou desapareceriam gradualmente com o tempo (o que é típico em estudos de intervenção deste tipo). Isto é comumente denominado de regressão para a média.

**Figura 11.8 – O diagrama de "Efeito Divergente"**

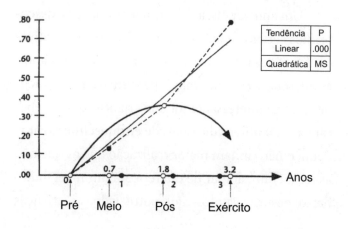

Graças às forças armadas de Israel, pudemos comparar os resultados dos testes dos alunos perto de seu recrutamento para o serviço militar. (As descobertas e pesquisa subsequente são relatadas por RAND; MINTZKER; MILLER & HOFFMAN, 1981).

Ficamos felizes de descobrir que as diferenças entre os que receberam um programa regular de aprendizagem e os que receberam o programa de enriquecimento não haviam desaparecido, mas se tornaram maiores. Em alguns casos, as diferenças haviam dobrado ou triplicado com relação às encontradas três anos antes, imediatamente após completar o treinamento. A pesquisa de *follow-up* mostrou um aumento na eficiência do PEI três anos após o término da experiência de tratamento – comparando alunos que tiveram o PEI durante o ensino médio e ao entrar no Exército.

As descobertas demonstram uma mudança estrutural que aconteceu na população que recebeu o programa. Eles adquiriram um conjunto de estratégias de aprendizagem e conceitos operacionais e, à medida que ganharam mais experiência, foram capazes de usá-las e derivar benefício delas, aumentando o ganho com o tempo. Isto pode ser interpretado como segue: as estruturas mentais responsáveis pelos processos de aprendizagem são aquelas que foram modificadas, e este processo de modificação também continuou além do tempo no qual foram expostos ao programa. Não só a passagem do tempo não enfraqueceu os instrumentos e habilidades adquiridas, mas os reforçaram à medida que eram usados nas experiências do dia a dia (um elemento instrucional importante no ensino do programa).

Outro exemplo de pesquisa na aplicação e efeitos do programa PEI é o que foi recentemente relatado no PEI-Básico, o programa para crianças mais novas.

## A necessidade da capacidade de adaptação – A racionalização para a intervenção e implicações para programas educacionais

A discussão até este ponto implica a necessidade de intervenções significativas que têm grandes implicações em programas educacionais. O PEI melhora a adaptabilidade do aprendiz para muitas e rápidas mudanças que são encontradas em situações de aprendizagem e na vida. Cada vez mais pessoas hoje precisam de enriquecimento, pois a demanda por modificabilidade está aumentando a tal ponto que até os dotados e talentosos precisam dela – não devido a deficiências de aprendizagem, mas para trazer flexibilidade aos seus processos de pensamento e habilidade de mudar, em resposta aos requisitos crescentes.

O significado desta mudança constante do ponto de vista da escola, para alunos e professores, é que cada vez mais informação é acumulada e renovada em uma taxa rápida, e deve ser repassada e registrada. O alto nível de mudança e as quantidades crescentes de informação demandam uma mudança de foco quanto à função da escola – é suficiente adquirir conhecimento fatual específico ou o foco deve estar em adquirir habilidade de aprendizagem que permitirá que o aluno absorva e registre o conteúdo da experiência. Como determinados fatores são adquiridos nas disciplinas de conteúdo, usá-lo de formas flexíveis, inovadoras e generalizadas, dando continuidade à aprendizagem de forma independente ao longo da vida – da escola para o trabalho e além – se torna vital. O PEI nos permite dar a uma pessoa a habilidade de se adaptar a novas situações e resolver, pelos instrumentos, problemas que são encontrados pela primeira vez.

### A relação entre avaliação e intervenção

O LPAD e o PEI são baseados em princípios idênticos. São muito similares um ao outro, pois têm uma base teórica comum, mas há uma diferença essencial entre eles. Na situação de avaliação, o grande investimento em mediação tem o objetivo de criar amostras de mudança que servem como prova da modificabilidade do aprendiz e nos permitem avaliar a natureza da mudança. No programa de enriquecimento, estamos lidando com a mudança em si. Ou seja, quem está sendo avaliado pelo LPAD e, por diversos motivos, requer uma intervenção especial para aumentar a modificabilidade e adaptabilidade, será capaz de receber isto por meio do Enriquecimento Instrumental. Em outras palavras, o objetivo do LPAD não é ensinar para total domínio, mas identificar áreas e funções onde isso é possível ou um objetivo digno a ser traçado.

A relação entre avaliação (LPAD) e intervenção (PEI) pode ser esclarecida se retornamos à nossa formulação básica da transformação requerida nos três parceiros do processo de aprendizagem – o professor, o aprendiz e o assunto:

1. Por exemplo, normalmente alunos não estão preparados para pensar sobre materiais aprendidos em história e derivar conceitos, princípios e processos de pensamentos gerais contidos neles. Portanto, é necessário ser capaz de usar habilidades estratégicas para mover para este nível de interação com o conteúdo e a presença de um currículo reestruturado que possibilite isto – transformações em dois dos parceiros, o aluno e o currículo.

2. Professores, muitas vezes, acham difícil combinar o currículo normal com os processos de pensamento. Eles precisam aprender a lidar com o pensamento como palavra de conteúdo em si. É preciso saber, por exemplo, como parar no meio de uma aula de literatura e dizer: "Agora faremos uma análise de símbolos e diferentes operações de pensamento". Além disto, para permitir que alunos adquiram processos de pensamento, professores devem expô-los à realização de tarefas baseadas nestes processos. Porém, como consequência de seu treinamento e com as demandas curriculares da escola, muitas vezes não podem criar tal currículo e raramente têm tempo e interesse em buscar isto. Portanto, devemos considerar dois outros tipos de transformações – o professor deve ser treinado e encorajado a utilizar abordagens baseadas na recuperação de processos de pensamento do mundo de conteúdo do currículo típico –, a mudança do currículo e do professor.

3. A última questão surge da essência da disciplina acadêmica, ou seja, do conteúdo em si. Desta perspectiva, analisar o processo de aprendizagem ao aprender o conteúdo limita o próprio processo, que tem continuidade e princípios de aprendizagem próprios. O assunto re-

quer certa progressão – mover do fácil para o difícil, do conhecido para o desconhecido – de acordo com princípios que vêm do conteúdo. Acreditamos em princípios completamente diferentes no uso de conteúdo para desenvolver a habilidade de aprendizagem. Fazendo a ponte entre professor/mediador e os alunos – pegando os princípios aprendidos, adquiridos no PEI, e transferindo-os, com a ajuda do professor, para o assunto sendo estudado – iremos adiante no processo de cognição. Se alunos aprenderam a ser sistemáticos, trabalharão sistematicamente também quando estiverem aprendendo história. Se aprenderam a ser exatos e usar mais de uma fonte de informação, irão transferir estas habilidades para resolver problemas de matemática. Para este fim, o professor deve mostrar aos alunos a essência do assunto sendo ensinado, sem pensar na unidade de conhecimento adquirido como algo isolado, mas como ponte ligando-a a diferentes assuntos de estudo, de todas as áreas da vida – outra transformação importante.

O PEI, precisamente por não se basear em nenhum conjunto de conteúdo, representa uma fonte para a transferência de uma área para outra e faz com que seja possível transformar um ser humano em um aprendiz mais ativo e eficiente.

# 12

## A preparação e a prevenção por meio da intervenção precoce

### O Programa de Enriquecimento Instrumental Básico de Feuerstein (PEI-B)

A intervenção precoce tem a promessa de prevenção. Este deve ser nosso grande objetivo! No mundo de hoje, a chance de crianças serem consideradas como tendo Dificuldade de Aprendizagem (DA) é muito alta – alguns educadores apontam que a taxa de crianças diagnosticadas com DA pode chegar a 25%. Poderíamos estar vivenciando uma epidemia moderna? Existem muitas definições e motivos para a incidência de fracasso na aprendizagem, mas a pesquisa não tem sido capaz de identificar definitivamente as causas. Do nosso ponto de vista, existe uma pergunta muito mais importante: Deficiências de aprendizagem podem ser prevenidas, ou pelo menos reduzidas? Nossa resposta tem sido tratada em capítulos anteriores deste livro, e neste vamos levá-la adiante. Aqui propomos conceito e estratégia de prevenção, ligados à intervenção precoce e sistemática.

Ao invés de categorizar a dificuldade de aprendizagem como problema inerente às habilidades de pensamento da criança, a vemos como consequência da falta de mediação apropriada das funções cognitivas específicas. Por exemplo, a criança que tem comportamento impulsivo pode ter dificuldade de leitura porque está identificando palavras inteiras com base em uma ou mais sílabas familiares, lendo "bom" ao invés de "som", por exemplo. Tal criança pode ter percepção borrada ou generalizada. Por outro lado, uma criança cuja orientação espacial estiver insuficientemente desenvolvida irá pular letras. Já uma dificuldade com a precisão no estágio de *input* pode levar o aluno a decodificar a palavra corretamente, mas produzir sons incorretos, não por não saber como fazê-lo, mas porque há uma falta da precisão necessária ou estratégias apropriadas de precisão. Em alguns casos, crianças descritas como disléxicas têm dificuldade de decodificar símbolos e ver a ligação entre eles e a realidade. Estes exemplos refletem o uso de funções cognitivas para entender e prevenir ou limitar a dificuldade de aprendizagem por meio da intervenção (cf. capítulo 9).

Da nossa perspectiva, deficiências de aprendizagem estão relacionadas de perto com o desenvolvimento de funções cognitivas. Portanto, a mudança radical da forma como a deficiência é definida e como se lida com ela nos dá o potencial de remediar a DA pela mediação e reabilitar o aluno. DAs não são traços rígidos ou fixos, mas estados que podem ser mudados. Para a criança nova – o aprendiz "em desenvolvimento" –, o potencial promissor está na preparação e prevenção.

## Visão geral do PEI-B

A premissa fundamental na base do PEI-B é que o desenvolvimento humano depende de uma massa crítica de mediação dada à criança pelos seus pais e pelo ambiente. Para que a criança seja capaz de desenvolver habilidades críticas como idioma, conhecimento social e os sistemas de símbolos de uma cultura (i.e., as habilidades acadêmicas – leitura, escrita, aritmética, comportamento etc.), é preciso estar equipada com habilidades de aprendizagem e pensamento. Estas são a fundação necessária para a aprendizagem posterior. A criança precisa receber mediação para foco, comparação, precisão, controle de comportamento e outras operações mentais, para se beneficiar dos procedimentos institucionalizados ou informais de aprendizagem (i.e., família, vizinhos, relações sociais). Isto depende da existência de condições preliminares de aprendizagem (i.e., funções cognitivas que levam a operações mentais, como descrevemos anteriormente neste livro).

Em nossa visão, muitas crianças rotuladas como tendo "dificuldade de aprendizagem", na realidade, sofrem de falta de mediação. Por este motivo, o objetivo primário do PEI-B é equipá-las com habilidades de pensamento e aprendizagem essenciais e, desta forma, diminuir a crescente epidemia de deficiências de aprendizagem. Nosso ponto de vista nesta questão pode ser resumido como: "Não diga deficiência de aprendizagem, diga deficiência de ensino". Colocamos isso em prática ao cuidadosamente treinar professores e pais para (1) equipá-los com uma ferramenta cognitiva poderosa que os ajudará a preparar seus pupilos para o processo de aprendizagem posterior, e (2) transformá-los em mediadores – não apenas com instrumentos do PEI-B, mas também criando um repertório de estratégias de mediação que podem ser aplicadas em muitos eventos da vida que apresentam uma plataforma de mediação.

## Descrição dos instrumentos

Os instrumentos do PEI-B são organizados nos seguintes grupos, de acordo com sua contribuição para o desenvolvimento cognitivo:

*Instrumentos que focam no desenvolvimento de percepção/motor:*

- Organização de pontos (Básico): desenhar linhas para conectar pontos que criam ordem e significado a partir de informação que é inicialmente vista como desconexa e espalhada.

- Aprendizado de atenção em três canais: explorar formas usando dedos, mas sem ver (tato), e então identificá-las por um desenho (gráfico) e diferenciar de outras formas (visual).

*Instrumentos que focam na orientação espacial, orientados para o rótulo verbal:*

- Orientação espacial (Básico): aprender a usar um vocabulário para orientar e descrever objetos no espaço – como cima/baixo, em frente/atrás, dentro/fora etc.

*Instrumentos que focam na consciência social/ emocional:*

- Identificando emoções: identificar expressões emocionais e aplicar as emoções a situações sociais apropriadas.

- Da empatia à consciência: decifrar condições emocionais em situações-problema e identificar as soluções apropriadas para o problema ou conflito.

- Pensar e aprender para prevenir violência: identificar situações de conflito e considerar formas alternativas de resposta.

*Instrumentos que focam no pensamento abstrato e integrativo:*

- Da unidade para o grupo: estabelecer conceitos de unidades, grupos de unidades e número de unidades, levando ao esclarecimento de conceitos numéricos e comportamento de resumo.

- Comparar e descobrir o absurdo (níveis I e II): usar critério comparativo para identificar e diferenciar situações que apresentam incongruidade. Tarefas do nível II envolvem categorização, diferenciação e análise com *insight*.

- Aprendendo a fazer perguntas para compreensão de leitura: usar informação de imagem e verbal para responder a perguntas e formular frases e significado de temática, baseado em "histórias" fornecidas por meio de diferentes tipos e níveis de informação.

*Instrumentos que focam no conhecimento de conteúdo:*

- Saber e identificar: rotular e identificar funções de objetos comumente conhecidos, adicionando classificação, inferência e diferenciações funcionais.

Cada instrumento usa uma variedade de formas para apresentar a informação, e fornece oportunidades, graças à estrutura do material e forma de mediação para desenvolver conceitos e modalidades de pensamento. Existem muitos aspectos do programa que devem ser incorporados para efetivamente alcançar os objetivos, que são adquiridos no treinamento, e repassados nos materiais de suporte para o programa (os instrumentos em si e o Guia do Usuário), fornecidos para o professor ou pai que recebe treinamento.

## Respondendo à criança nova e às crianças com deficiências

### Diferenciando PEI-B do PEI-P

O Programa Padrão de Enriquecimento Instrumental (PEI-P) (cf. capítulo 11) requer um nível de proficiência que faz com que seja difícil para terapeutas e professores de educação especial o aplicarem com grupos de funcionamento particularmente baixo. Por este motivo, os instrumentos do PEI foram adaptados para poderem ser usados com estes grupos. Para as populações regulares e as com deficiência, a adaptação foca nas seguintes mudanças: níveis mais baixos de abstração e complexidade (i.e., a quantidade de informação é relativamente mais baixa e o nível de familiaridade é mais alto) e uso aumentado e mais proeminente de desenhos "tipo *cartoon*" coloridos e engajadores, que refletem o mundo da criança e captam seu interesse. É importante notar que o nível de abstração e de percepção necessários, além do nível de complexidade, ainda são relativamente altos e desafiadores para crianças, então os instrumentos não são "fáceis" – pelo contrário. Porém, são apresentados de forma que sejam atraentes para crianças e seus terapeutas e professores.

Existem três áreas em que a bateria do PEI-B tem diferenças fundamentais do PEI-P:

*Os instrumentos apresentam mais demandas para o domínio do conteúdo.* O PEI-P é mais focado em processo de inteligência fluida (i.e., princípios de pensamento generalizados e abstratos), enquanto o PEI-B foca mais nos componentes cristalizados da inteligência (i.e., conteúdo concreto da experiência). Existem diversos motivos para isso. Primeiro, a separação entre inteligências não existe em idades baixas ou níveis baixos de funcionamento, então é necessária a exposição a conteúdo mais específico, e, segundo, a criança em desenvolvimento, além da criança com deficiência, precisa de grande e repetida exposição ao conhecimento geral para garantir seu desenvolvimento adequado. Finalmente, devido ao grau de transferência nos estágios iniciais, os exemplos concretos dos instrumentos permitem transferência mais fácil para a realidade.

*PEI-B também trata da dimensão de comportamento emocional por meio da inclusão de três ferramentas que tratam de situações sociais/emocionais de aprendizagem.* Para nós, este um elemento importante da experiência de aprendizagem precoce com implicações importantes para o desenvolvimento cognitivo posterior, além de ser uma função implícita para muito da aprendizagem simbólica e abstrata necessária para o desenvolvimento. Outro motivo importante para incluir a dimensão social/emocional é que ela permite a criação de mecanismos melhores de socialização em crianças novas, preparando-as para integração na sociedade escolar. Para crianças com deficiências, é necessário que sejam integradas na sociedade normativa. Uma criança que não é capaz de identificar as emoções de seu colega (cf. p. ex. a figura 12.1) não será capaz nem de optar pela ação correta para perceber a emoção, nem de resolver um conflito. Tais crianças terão muita dificuldade de se encaixar e até mesmo sobreviver na sociedade.

**Figura 12.1 – Atividade de PEI-B "Identificando Emoções"**

*Respondendo à criança autista: Um caso*

Outro motivo para a inclusão do tema emocional na bateria PEI-B era nosso desejo de oferecer às crianças no espectro autista e outras com dificuldades similares de desenvolvimento social a oportunidade de serem expostas à aprendizagem social/emocional. Diversas teorias ligam os problemas de crianças autistas ao fato de terem dificuldade de decifrar as emoções e pensamentos de outras pessoas. Um acadêmico proeminente (BARON-COHEN, 1995) declarou que ensinar crianças com características autistas a compreender emoções humanas é particularmente importante, levando em consideração uma teoria popular de que elas não têm uma "teoria da mente". Os instrumentos que focam nas emoções (cf. figura 12.2) ensinam a criança a decifrar a linguagem facial e corporal para estabelecer uma relação entre suas expressões faciais e incidentes acontecendo ao redor. Estes aspectos são importantes para a consciência e cognição social para muitas crianças.

**Figura 12.2 – Atividade PEI-B "Da Empatia à Ação"**

## Usando o PEI-B na terapia

A bateria de instrumentos do PEI-B coloca ferramentas poderosas nas mãos não apenas de professores e pais, mas também de terapeutas – incluindo terapeutas ocupacionais, fonoaudiólogos e, é claro, psicólogos. A bateria PEI-B oferece três canais adicionais de tratamento:

*Terapeutas abrem um canal adicional de intervenção*, permitindo o reforço da aprendizagem e ferramentas de pensamento ao tratar de conteúdo relevante (nos contextos terapêuticos) e adicionando modalidades de aprendizagem mediada ao seu repertório.

*Terapeutas podem usar situações de tratamento* consistentes com determinados objetivos, em situações de mediação. Suponha que um terapeuta ocupacional está trabalhando a pega no lápis de uma criança nova com Síndrome de Down. O instrumento de orientação no espaço do PEI-B pode ser usado para ensinar à criança conceitos espaciais relevantes para segurar o lápis (mão direita, ponta do lápis para baixo e borracha para cima, os três dedos segurando na parte de baixo do lápis etc.). Um fonoaudiólogo tentando fazer uma criança usar conceitos poderia usar a Comparação e Descoberta do absurdo (cf. figura 12.3) para desenvolver habilidades de comparação que aprimoram o valor dos auxílios de aprendizagem usados em situação de tratamento.

**Figura 12.3 – Atividade PEI-B "Comparar e Descobrir o Absurdo"**

*O terapeuta tem a oportunidade de mediar e ensinar as condições/pré-requisito para o sucesso do sujeito.* Vamos supor que a criança tem pobre vocabulário e entendimento de outros. O terapeuta pode criar uma plataforma de conceitos para facilitar o tratamento. Diversos terapeutas usam abordagens comportamentais que sentimos serem limitadas, visto que não ativam o canal cognitivo na criança. Terapeutas ocupacionais verão que a vida fica mais fácil se envolverem a cognição do sujeito em seu trabalho com habilidades motoras. Por exemplo, ao invés de simplesmente usar contato ou imitação para acompanhar a instrução, ela pode usar os músculos apropriados e, ao mesmo tempo, se valer do planejamento e tomada de decisão. Porém, isto requer os pré-requisitos que permitirão a produção do que podem ser chamadas de estratégias "de cima para baixo", do conceito à ação. Esta preparação essencial pode ser encontrada no instrumento Organização de Pontos do PEI-B (cf. figura 12.4), em que o sujeito cria uma conexão entre a dimensão cognitiva e a visual-motora. Com os instrumentos PEI-B de Orientação Espacial e Da Unidade para o Grupo, o terapeuta pode ajudar o sujeito a melhorar a habilidade de obedecer instruções cada vez mais complexas, mesmo quando a tarefa é contínua ou cheia de distrações.

A abordagem cognitivo-dinâmica tem o objetivo de firmar as mudanças produzidas pelos diferentes terapeutas em um tipo de esquema de ação cognitiva. Desta forma, por exemplo, a habilidade da criança do espectro autista de estabelecer contato visual com outros será baseada no entendimento da essência das relações humanas e do significado da comunicação em relações interpessoais. Deste ponto de vista, o elemento cognitivo-mediacional deveria ser o grande canal a ser usado pelo terapeuta, e o treinamento nos instrumentos tem o potencial de adicionar um componente de mediação a diversas situações terapêuticas.

**Figura 12.4 – Atividade PEI-B "Organização de Pontos"**

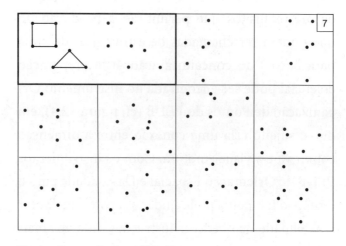

## Pesquisa sobre o PEI-B

O PEI-B tem aproximadamente 7 anos, relativamente jovem se comparado aos quase 50 anos do PEI-P. Nesses 7 anos, porém, muitos professores e pais foram treinados no uso e têm aplicado isto em ambientes de sala de aula, clínica e ensino em casa. Recentemente, um estudo de pesquisa foi publicado explorando sua eficiência em cinco países (Canadá, Chile, Bélgica, Itália e Israel) com crianças que têm uma variedade de deficiências (TDAH, deficiências intelectuais de origem genética, desordens do espectro autista e outras dificuldades de aprendizagem). Os resultados deste estudo comparativo indicaram que o funcionamento cognitivo melhorou para crianças com deficiências de desenvolvimento, e nenhuma vantagem foi vivida com deficiências específicas, e que maiores ganhos cognitivos ocorreram quando crianças receberam o programa em contexto educacional (grupos em sala de aula), onde todos os professores estavam comprometidos (e bem treinados) com os princípios e práticas da aprendizagem mediada (KOZULIN et al., 2009).

## Por que preparação e prevenção são necessárias?

A pergunta crucial para pais e professores é: Como devemos preparar nossas crianças para a escola? O que precisam ter para serem bem-sucedidas? Longos anos de estudo e altos níveis de funcionamento estão diante deles. Como podemos prepará-los adequadamente? Pais têm diversas opções e recursos – brinquedos, jogos, estímulo e programas de remediação. O currículo acadêmico está cada vez mais complexo e abstrato nas séries iniciais – em países desenvolvidos, o jardim de infância está se tornando um centro de aprendizagem acadêmica. Lembramos do aluno do jardim de infância que exclamou, frustrado: "Não sei ler, não sei escrever e não me deixam falar. Estou perdendo tempo aqui!"

Qual é a resposta? Ao longo deste livro, defendemos que devemos ensinar nossas crianças como aprender. Devemos fazer isto em estágio precoce, e com todos os recursos naturais e disponíveis nas vidas das crianças e suas famílias. Algumas aprendem pronta e rapidamente. Outras precisam de exposição sistemática e focada para se beneficiar dos estímulos e recursos ao seu redor. O PEI-B foi desenvolvido com isto em mente, e é aplicado para permitir que todas as crianças reúnam dados, controlem comportamento, entendam os problemas que enfrentam e embarquem em cursos de ação que não somente respondem ao que encontram, mas fornecem um trampolim para outras e novas experiências. Existem muitos aspectos deste desenvolvimento tratados no livro. Para a criança jovem em desenvolvimento, os resultados esperados são poder distinguir entre fatos relevantes e irrelevantes, fazer suposições e as avaliar, resumir o que é aprendido e criar uma imagem integrativa geral. Algumas das habilidades resultantes envolverão aprender como: expressar e aplicar conclusões de um processo de elaboração, comparar fontes de informação e entender as emoções de outros e sua relevância nas experiências sociais e conflitos interpessoais encontrados na vida.

Estes são claramente os pré-requisitos de qualquer processo de aprendizagem e do conjunto de experiências de aprendizagem que esperam pela criança em desenvolvimento. O PEI-B parece ser um recurso promissor para ajudar o aprendiz em desenvolvimento a estar pronto e ser bem-sucedido.

# 13

## Formando ambientes de apoio

Nos capítulos 10 e 11, descrevemos dois métodos aplicados que surgem da teoria da MCE e da EAM. A aplicação destes métodos de avaliação e intervenção permite que os seres humanos estejam receptivos aos processos de mudança que, anteriormente, eram considerados inexistentes. Esses dois métodos se desenvolveram da crença geral de que o ser humano é modificável, mas será suficiente acreditar nisso para criar as condições para a modificabilidade? Além disto, isso é suficiente para aumentar a habilidade de aprendizagem do indivíduo e para que passe a ter as ferramentas necessárias para serem modificados? Essas mudanças, quando produzidas, serão sustentadas, encorajadas e elaboradas no futuro?

Nossa experiência com a implementação dos dois programas aplicados nos convenceu de que não é suficiente saber sobre a modificabilidade do ser humano, ou seu possível aumento. Para habilitar ou exigir a modificação de uma pessoa, devemos projetar um ambiente de apoio.

Aprendemos pela observação de diferentes ambientes que existem situações que não permitem que a pessoa seja modificada, porque tudo é feito para que ela persista e permaneça na mesma condição, conformada por expectativas, estruturas e indivíduos bem-intencionados naquele ambiente. Nesta situação, a mudança que provou ser possível pela avaliação e experiências dinâmicas de aprendizagem é negada à pessoa mesmo após a modificabilidade ser demonstrada e aumentada por meio de nossas intervenções. Em alguns casos, as mudanças produzidas são negadas, seriamente denegridas ou reconhecidas com a aceitação passiva de que nada ou pouco pode ser feito a respeito disto porque o custo é alto, difícil de fornecer ou os recursos necessários não estão disponíveis. Afirmamos que tais posturas refletem falta de necessidade e crença na modificabilidade.

## Um ambiente que previne ou age contra a mudança

De forma geral, se o ambiente não requer que a pessoa seja modificada, mas se adapta a ela – o que é chamado de resposta autoplástica –, a mudança significativa e sustentada não acontecerá. O ambiente da sala de aula de educação especial ilustra bem esta característica. O currículo e os funcionários têm boas intenções, mas criam um ambiente que se conforma à habilidade atual do aprendiz, e não àquela que poderia ser atingida se e quando fossem chamados a funcionar em outro nível. O ambiente da escola de educação especial se conforma às habilidades do aluno, ao invés de apresentar desafios de adaptação a situações novas e com mais demanda. Eles não precisam investir esforço para se adaptar a mudanças, e expectativas por níveis mais altos de desempenho não são formuladas ou repassadas. Assim, não utilizam os potenciais educacionais a serem descobertos e aumentados.

### Ambientes que negam a oportunidade de modificabilidade

Ambientes que bloqueiam a modificabilidade dizem à pessoa: "Sabemos quem você é, sabemos que não é modificável e não esperamos que seja". Portanto, o ambiente não equipa o ser humano com as ferramentas necessárias para se adaptar, tampouco oferece oportunidade de ser adaptável. Um ambiente que nega a modificação não apenas falha em confrontar a pessoa com desafios e situações às quais deve se adaptar para sobreviver, mas também falha em fornecer exposição e treinamento com ferramentas que permitirão a adaptação. Também não dá tempo e apoio necessários para adaptar com sucesso. Na ausência destes elementos – as ferramentas adequadas de pensamento e aprendizagem, por um lado, e a prontidão de dar oportunidade de trabalhar nesta adaptação, por outro –, os processos de adaptação serão difíceis, se não impossíveis.

## Os perigos dos ambientes homogêneos: Aceitando indivíduos como são

Defendemos que um dos principais fatores por trás do bloqueio dos processos de mudança em ambientes de educação especial é o caráter homogêneo das crianças ali presentes – uma sociedade formada de acordo com suas limitações –, por causa de sua inabilidade de se adaptar. Não há altas expectativas quanto às habilidades de aprendizagem ou mudança e os resultados confirmam as expectativas.

Em um ambiente que bloqueia (ou não promove) mudança, o foco está nas habilidades atuais ao invés de potenciais, deixando os indivíduos em suas situações sem modificação. Existem ambientes que transmitem à pessoa a mensagem clara (e às vezes confortável): "fique onde está e terá uma existência confortável e se sentirá bem". A premissa básica destes ambientes, onde um ser humano é visto como não modificável, leva a uma abordagem passiva que aceita a pessoa como ela é e faz tudo para prevenir o surgimento de tensões entre o nível atual e o nível requerido de funcionamento, em um ambiente que encoraja a modificação. É importante definir claramente os componentes desta posição.

- A abordagem de aceitação passiva: parte da premissa que defende que a pessoa não é modificável, levando à criação de condições ambientais alinhadas com a habilidade atual do indivíduo, sem impulsioná-lo em direção às habilidades que seria capaz de desenvolver se fosse exigido.

- A tensão entre níveis atuais e potenciais de funcionamento: o ambiente não modificado nega à pessoa a tensão necessária advinda da lacuna entre a situação funcional atual e o potencial de funcionamento mais alto. É uma tensão porque demandas por mudança e diferentes níveis de funcionamento requerem esforços, riscos, recursos e, acima de tudo, crença e compromisso de apoio (professores, pais e uma variedade diversa de profissionais especialistas).

Porém, existem os que argumentam que a melhor solução para a pessoa com deficiência, seja ela qual for, seria fornecer um ambiente onde não é exigido que seja feito mais que o possível na situação atual. Este ponto de vista é claramente ilustrado no caso de um homem de 24 anos com Síndrome de Down que foi trazido a mim para avaliação. Seu pai pediu: "Por favor, não ensine coisas que ele não sabe". A solicitação foi feita devido à preocupação de que uma tensão grande não fosse colocada em seu filho. "Se é assim", perguntamos ao pai, "por que trazê-lo para nós? O que ele sabe não precisa ser ensinado, e o que ele não sabe você não quer que seja". O jovem foi trazido para a sala. Sabia ler e estava trabalhando como bibliotecário, mas não sabia qual era o lado direito da pessoa em pé à sua frente, e em determinados testes não conseguia desempenhar suas funções. Em um tempo muito curto, ele foi ensinado a funcionar. Qualquer tensão que o pai sentiu foi dissipada quando começamos a trabalhar com ele.

Portanto, a tendência de aceitar uma pessoa passivamente é resultado de uma suposição da inabilidade de modificar a situação. Nossa abordagem, por outro lado, tem foco ativo de modificação, pois acredita nas possibilidades de mudança.

## A formação de ambientes de modificação

A pergunta-chave, portanto, é como criar uma engenharia ambiental (similar à engenharia humana) que pode servir como base para desenhar ambientes que irão encorajar, reforçar e criar no aluno a vontade, necessidade e habilidade de ser modificado.

É esta necessidade, e as respostas positivas às perguntas que colocamos neste livro e em nosso trabalho, que nos leva ao desenvolvimento de estratégias e programas para criar ambientes que encorajem e facilitem condições que suportem a modificabilidade do funcionamento humano e desenvolvimento do aluno. Ironicamente, alguns consideram isso um novo paradigma. É novo apenas no reconhecimento de que a mudança é possível, e, se sim, estruturas e treinamento, recursos e compromissos devem ser devotados a fazer com que ela aconteça. Portanto, precisamos trabalhar com tomadores de decisão e implementadores de programas para trazer estas condições à realidade (normas, currículo, treinamento, consultoria e suporte de recursos), para gerar a modificabilidade humana. Tais ações variam em uma diversidade de populações e aplicações.

A criação destas condições requer que as teorias da MCE e EAM sejam entendidas e praticadas. Para este fim, é preciso ter consciência e familiaridade com a teoria e sua aplicação. Treinamento específico para pais, cuidadores, professores especializados e outros pode facilitar o planejamento e condução de programas que geram uma perspectiva de modificabilidade humana nas intervenções e programas institucionais que os apoiam. Às vezes, é necessário desenvolver todo um novo programa. Em outras instâncias, programas existentes podem ser modificados para cumprir os objetivos e necessidades deste novo paradigma.

## Identificação e desenvolvimento do programa

Dentro do contexto da MCE e EAM, podemos trabalhar com tomadores de decisão e planejadores preocupados para ajudar a projetar intervenções que criarão o potencial de modificabilidade. Avaliações de necessidades, revisões de intervenções potenciais e demonstrações de como tais intervenções podem facilitar as mudanças são opções para materializar estes potenciais. A mobilização de recursos e o envolvimento de pessoas-chave são estratégias importantes para fazer com que programas sejam viáveis e interessantes. Isto requer consulta sensível e contínua, além da reunião de recursos conceituais e materiais, muitas vezes compartilhando intervenções de sucesso de outros e, então, ajustando as dimensões do programa para a relevância do ambiente em questão. Os elementos críticos nesta abordagem são análise cuidadosa e precisa das dimensões do sistema, que devem ser refletidas no planejamento e oferta de encorajamento e suporte para desenvolver planos operacionais específicos.

Como exemplo de tal compartilhamento, podemos citar programas de larga escala no Estado da Bahia, no Brasil, e no distrito escolar Taunton (perto de Boston, nos Estados Unidos), ou em aplicações de menor escala como a Academia de Aprendizagem mediada em Vancouver, na Colúmbia Britânica. Estes programas podem ser usados como modelo de aplicação e atribuições de programa de desenvolvimento, para demonstrar que é possível criar condições de modificabilidade sistemática e significativa.

Exemplos de consciência sistêmica nas escolas são: prestar atenção a tais variáveis na organização da sala, colocar alunos em salas em que o PEI é oferecido, permitir que professores observem e ajudem uns aos outros na aplicação do programa e fornecer reuniões de suporte para o grupo, com treinamento e consultoria constantes. Todos estes elementos requerem planejamento estratégico, monitoramento e realização de adaptações contínuas à luz das circunstâncias e contextos em alteração apresentados pelos ambientes.

## Treinamento e aplicação da EAM

Os fornecedores da EAM como professores, pais, cuidadores e profissionais de apoio terapêutico (como psicólogos, assistentes sociais, fonoaudiólogos, terapeutas ocupacionais e fisioterapeutas etc.) podem ser treinados para identificar aplicações apropriadas de mediação e aplicá-las para suprir as necessidades dos alunos, crianças e clientes. Diversos currículos muito inovadores para tal treinamento foram desenvolvidos e aplicados ao redor do mundo, em diversos lugares e populações.

## Consultoria e follow-up

Sustentar, apoiar e desenvolver mais programas que moldem ambientes de modificação requer consultoria periódica e contínua. Resultados de avaliação dinâmica não são congelados no tempo. À medida que o aprendiz muda, a reavaliação é necessária e valiosa, e resultados e implicações devem ser compartilhados com professores e pais. O desenvolvimento e ajuste de recomendações também requerem contatos contínuos. Relatórios escritos e o relato de informação, combinado com atividades de planejamento, também contribuem com o processo de focar no potencial de modificabilidade.

## Resumo das questões

Nossa experiência tem sido que, ao realizar tais esforços, muitas mudanças são possíveis, e ambas as atitudes e ações precisam ser realizadas além da aplicação específica do LPAD e do PEI. O ambiente em que estas aplicações são desenvolvidas e fornecidas requer um terceiro elemento – ser moldado de forma a fazer com que as mudanças sejam possíveis. Por mais poderosos e bem-sucedidos que sejam o LPAD e o PEI, não são suficientes em si. Talvez a confirmação mais viva disto seja o que muitos professores e pais nos dizem (e que nós observamos) que, quando aprendem o PEI e EAM (e adotam a crença e expectativa de modificabilidade humana), toda sua perspectiva e variedade de funcionamento é alterada. Pais descrevem como suas interações com os filhos são diferentes quando aplicam princípios da EAM nas interações familiares do dia a dia. Professores nos dizem como ensinam as matérias de perspectivas muito diferentes, e mais satisfatórias. Mas, infelizmente, também ouvimos estes mesmos professores e pais descreverem a frequência com que a estrutura das escolas, creches e respostas do pessoal de suporte (administradores, fornecedores de terapia, fornecedores médicos e sociais) não encorajam ou, às vezes, até mesmo rejeitam as mudanças vividas.

A mensagem clara deve ser que estas novas perspectivas, habilidades e consciência precisam de um ambiente acolhedor, engajador e facilitador para fazer com que aconteçam e os sustentem com o tempo e em face às pressões para reduzir ou abandonar compromissos. Nossa experiência com mais de 50 anos de implementação, e muita pesquisa, nos convence desta necessidade.

Portanto, moldar um ambiente de modificação requer um desenvolvimento ativo, contínuo e multifacetado e a aplicação de estratégias para afetar a consciência ambiental e o compromisso com os objetivos e potenciais de modificabilidade cognitiva.

Os métodos aplicados advindos da MCE e EAM não podem ser implementados com sucesso na prática se não houver uma condição primeira, a crença de que o ser humano pode ser modificado. Aqui voltamos intencionalmente nossa ênfase para a necessidade de uma crença que é gerada por um compromisso com a modificabilidade de seres humanos (a necessidade) – a crença é uma expressão de nossa responsabilidade com aqueles que precisam de nossa ajuda, e podem se beneficiar, para modificar a si mesmos e se adaptar. Ao acreditar nisso, podemos criar os meios, a metodologia e a pesquisa que fornece a base científica. Mas a crença é a condição primária. Muitos métodos maravilhosos falharam por não acreditarem, o que levou à falta de compromisso.

Os métodos aplicados e ferramentas derivadas deles são cruciais, assim como a necessidade de interagir no ambiente de forma que apoie a modificabilidade. A demonstração de compromisso contínuo e atividades persistentes, trazendo novos recursos para materializar este compromisso (como LPAD e PEI), contribuirão com a moldagem do ambiente de acordo com esta perspectiva.

No último capítulo deste livro, oferecemos apoio para desenvolver este ponto de vista, associando nossa teoria a conceitos para a grande revolução nas ciências do cérebro, além da nossa experiência com a implantação dos programas e a teoria que descrevemos. Com apoio tão convincente, talvez não seja tão difícil criar a condição de modificabilidade cognitiva em nossos ambientes.

# 14

## Novas descobertas da neurociência sobre a capacidade de mudança do cérebro/mente
### Um epílogo

Durante mais de 60 anos que englobam o desenvolvimento da teoria de MCE e a aplicação da EAM, nos limitamos a definir a modificabilidade como ocorrendo primariamente no âmbito do comportamento. Porém, especulamos de forma silenciosa e discreta que estas mudanças devem ter um correlato neurofisiológico. Discutimos nossas teorias e especulações com muitos neurologistas e estudiosos daquele tempo, mas nenhum de nós ousava declarar inequivocamente que este era o caso. A tecnologia da época não permitia mais estudos, e tínhamos medo de sermos considerados sonhadores loucos sem fundamento científico. Porém, sabíamos que tinha que haver uma ligação, e que o comportamento observado deve ter sido gerado por mudanças concomitantes do sistema neurológico.

Até nossa teoria da MCE, referindo-se a mudanças no comportamento mental do indivíduo, estava sujeita a uma luta com quem considerava o comportamento humano a partir de uma posição fixa, refletida em procedimentos estáticos de medida, como testes de QI (Binet-Simon, Terman, Wechsler, e assim por diante) e outras manifestações na teoria e na prática.

Entretanto, nunca nas proposições mais ousadas do autor sênior ele teria proposto que as mudanças observadas após a intervenção fossem concomitantes com, ou resultado de mudanças no sistema neurológico. Era esperado que este fosse o caso, e se pensava que seria impossível explicar completamente as mudanças sem tal relação, mas concluímos que não podíamos especular além das nossas observações imediatas. Você não pode afetar cromossomos, independentemente da quantidade de aprendizagem que ocorra; não é possível afetar genes. Isto era parte do antigo dilema de natureza *versus* estímulo. Havia os que defendiam (e ainda o fazem – cf., p. ex., HERRNSTEIN & MURRAY, 1994) que 85% da variação da inteligência mensurável ocorre devido à natureza (herança genética) e apenas 15% devido ao estímulo (os fatores ambientais). Esta posição defende que há potencial limitado de mudança, englobando aproximadamente um desvio padrão, com o restante do potencial funcional sendo constante.

## Revisando a "ciência" do cérebro

Hoje, porém, as neurociências nos trazem evidência não apenas da modificabilidade das funções mentais do indivíduo, mas dizem também que as mudanças que podem ser produzidas são, de algumas formas (apesar de ainda não totalmente definidas), não meramente manifestações comportamentais. Não são mudanças apenas na estrutura do comportamento, do processo mental, mas estão relacionadas a mudanças no *hardware* e *software* do sistema neurológico. Agora não é nenhum exagero declarar que *o sistema neurológico é modificado pelo comportamento, não menos que o comportamento é determinado pelo sistema neurológico.*

Vivemos um tempo de tremendas mudanças na metodologia e foco na ciência dos estudos do cérebro, que tem sido, em grande parte, possibilitado por tecnologias não invasivas. Isto nos dá expansão e revisão quase diária de nossos conceitos e entendimentos. Uma revisão da pesquisa hoje será limitada e até certo ponto obsoleta amanhã pelo simples volume de estudos e descobertas que parecem surgir quase diariamente. Novas possibilidades estão sendo consideradas, ideias existentes com relação a estruturas e funções estão sendo questionadas e moldadas, e abordagens inovadoras do estudo do cérebro estão surgindo, refletindo tremenda energia criativa e abertura para as riquezas das variáveis sendo consideradas.

## Neuroplasticidade: o maior suporte para a Teoria de Modificabilidade Cognitiva Estrutural (MCE)

A enorme quantidade de trabalho feito nas mudanças produzidas no cérebro nos encoraja a formular duas grandes perguntas: (1) Qual é a natureza das mudanças?, e (2) Quais são os tipos de condições ambientais que podem produzir as mudanças?

Aqui devemos levar o leitor a um discurso mais técnico do que o fornecido neste livro até o momento. É necessário entender completamente o significado da nova pesquisa, e como ela se conforma e suporta a modificabilidade cognitiva em seus aspectos práticos e teóricos.

Agora temos muito mais condição de explicar a MCE e a EAM ao relacioná-las com avanços recentes no entendimento da neurofisiologia das respostas do cérebro, particularmente a descoberta da existência de neurônios-espelho e sua contribuição com a neuroplasticidade. É possível visualizar ativamente os efeitos da MCE e da EAM no desenvolvimento e modificação dos processos neurofisiológicos. As metodologias de pesquisa neurológica não invasiva (MRI, fMRI, CAT, PET, TMS etc.) fazem com que seja possível realizar muita observação em tempo real e criar um entendimento das funções neurofísicas da modificabilidade cognitiva.

A partir destas perspectivas, podemos ampliar nossos conceitos de MCE e EAM além olhar do desenvolvimento e da experiência, confirmando que a meta da EAM de modificar funções de aprendizagem e comportamento tem uma base neurológica muito sã. Agora, podemos especular com confiança, pendente de futura confirmação, que a EAM parece agir nos neurônios-espelho, criando não apenas mudanças no comportamento observável, mas também na atividade e estrutura neurológica. Estes mecanismos no cérebro existem e são distribuídos mais largamente no córtex do que inicialmente pensado. Apesar de nosso conhecimento ainda estar em estágio inicial e não inteiramente diferenciado, há evidência de que tais mecanismos são ativados pelas observações de ações imitadas e, então, estruturalmente integrados. Em nosso trabalho com estímulo e desenvolvimento de linguagem

(FEUERSTEIN & FALIK), descrevemos um processo que chamamos de "solilóquio mediado – SLM", propondo que os neurônios-espelho são ativados no cérebro da criança ao ouvir a linguagem, como se ela mesma estivesse usando as estruturas.

Isto eleva o processo de aprendizagem por imitação a uma posição muito proeminente. A área de linguagem no cérebro é particularmente rica em neurônios-espelho. Na realidade, hoje é conhecido que a área de Broca no cérebro é responsável por mais que funções de linguagem e se estende a uma variedade de funções sensoriais e motoras (explicando melhor as correlações neurofisiológicas com o espelhamento de neurônios que agora entendemos ser central no fenômeno SLM). De fato, todo o conceito da localização da função está sendo seriamente desafiado (cf. DOIDGE, 2007).

Há considerável especulação científica (refletida no trabalho de pesquisadores como SKOYLES, 2008) de que o processo de imitação está ligado a aspectos motores de fala e a uma variedade de outros comportamentos. Como exemplo, quando uma criança é exposta a um *input* fonético, processos articulatórios são iniciados. O cérebro, então, faz conexões neurológicas que levam à imitação dos sons de fala (como foi descrito por LIBERMAN & MATTINGLY, 1989). Skoyles oferece diversas hipóteses baseadas na nova evidência neurofisiológica de que a imitação no desenvolvimento da linguagem vai muito além ou, em outras palavras, profundamente *para dentro* do cérebro. Ele resume que a "imitação, apesar de ter uma função primariamente transiente na aquisição de linguagem, é um processo necessário para a existência da fala" (p. 3). Algumas elaborações interessantes desta especulação são oferecidas por Skoyles, à medida que revisa a pesquisa na área. Ele resume sua posição teórica com relação à base neurológica e motora para a função de imitação (com relação ao fenômeno de neurônios-espelho) como segue: "a fala surgirá com base na evolução e no desenvolvimento *em torno dos circuitos de imitação motora, em cooperação com estas áreas do cérebro, processando invariantes auditivas,* (e) os processos por trás da fala serão amodais, permitindo formas de linguagem baseadas no não audível" (p. 9; ênfase adicionada).

Acreditamos que este modelo se estende além da área de desenvolvimento de fala e linguagem para uma diversa variedade de experiências no mundo, consolidando atividade de imitação e elaborando-a *internamente* (pensamento e entendimento) e *externamente* (em comportamento linguístico e motor). Estas conclusões recebem elaboração e validação futura pelo trabalho de Fogassi e Ferrari (2007), que resume diversos estudos importantes, descrevendo o efeito da exposição a determinados estímulos verbais, e aos gestos e significados que os acompanham, levando a funções linguísticas como melhoria das atividades da língua e do músculo, com implicações que vão muito além disto. No nível do comportamento, isto é correlacionado com atividade no cérebro, em que os neurônios-espelho têm função significativa para expressar o idioma articulado e atividade neurofisiológica. Rizzolatti e Craighero (2004) demonstraram que, quando um objeto é visto, suas características visuais ativam o conhecimento motor necessário para interagir com ele. A partir disto entendemos que, quando a experiência significativa é processada pelo cérebro, os neurônios-espelho são ativados para suportar e elaborar o processo de imitação. Daniel Goleman, em seu livro *Inteligência Social* (2006), revisa a pesquisa em desenvolvimento descrevendo neurônios-espelho como "refletindo de volta uma ação que observamos em outra pessoa, nos fazendo imitar aquela ação ou ter o impulso de fazê-lo" (p. 41).

Outros aspectos de um foco no desenvolvimento da linguagem que suportam a dinâmica de MCE e EAM são os estudos que ligam o significado (na produção de linguagem e fala) ao desempenho, mostrando congruência aumentada entre a observação (do comportamento) e respostas motoras. Acreditamos que isto fortalece a ligação – entre padrões de idioma, motores e neurofisiológicos – gerados pelas atividades que estruturamos na EAM, e faz com que ela seja complexa e poderosa.

Em áreas de comunicação gestual (RIZZO-LATTI & ARBIB, 1998), foram observados a evolução da fala (cf. MEISTER et al., 2003; SEYAL et al., 1999), a sensibilidade auditiva (KOHLER et al., 2002), os efeitos de diversos estímulos e experiências externas nos processos neurofisiológicos. Consideramos que a pesquisa nestas funções ainda é microcósmica – ou seja, foca em pequenos aspectos de funções integradas maiores. Mas é sugestiva e altamente encorajadora.

Os neurônios-espelho nos ajudam a entender melhor os processos de reestruturação neural que propomos que ocorrem na MCE e na EAM. Cientistas estão convencidos (cf. RIZZOLATTI & CRAIGHERO, 2004) de que "toda vez que um indivíduo vê uma ação feita por outro, neurônios que representam a ação são ativados no córtex pré-motor do observador... assim, o sistema espelho transforma a informação visual em conhecimento" (p. 172). Sugerimos que isto ocorre em outras áreas do cérebro também.

Os objetivos dos pesquisadores têm sido propor estudos em que a representação mental de uma ação aciona a atividade dos neurônios-espelho, o que então leva a ações sensoriais e motoras elaboradas (que podem ser relacionadas de volta à causa inicial). Em um estudo genial e muito interessante proposto por Umilta e colegas (2002), macacos que observaram atividades em que "entendiam" a ação (colocar comida para eles atrás de uma tela) tiveram uma descarga de neurônios-espelho, mesmo não observando o resultado final da ação. Quando uma ação foi reproduzida apenas por mímica, ou seja, não foi apresentada de forma realista, os neurônios-espelho não foram ativados. Do nosso ponto de vista, isto pode ser explicado em termos de EAM. A colocação da comida, na visão do macaco, foi um ato intencional. Escondê-la fez com que um processo de representação fosse iniciado, levando a respostas neurológicas que correspondem a transcendência e significado. Os macacos estavam "pensando" sobre a situação, e ativando mecanismos neurológicos como se estivessem vivendo aquilo – o que de fato estavam!

Rizzolatti e Craighero, revisando a pesquisa de neurônios-espelho em sujeitos humanos, revelam que estudos TMS[1] indicam que "um sistema de neurônios-espelho... existe em humanos e tem propriedades importantes não observadas em macacos"

---

**1.** Transcranial magnetic stimulation (Estímulo magnético transcraneal).

(p. 176). O interessante é que humanos parecem ativar neurônios-espelho para movimento, formando (ou levando a) uma ação, e não precisam observar a ação inteiramente manifesta (como os macacos). Mais uma vez, isto fornece evidência sugestiva sobre os neurônios-espelho nas funções cognitivas mais elevadas (usando processos de generalização e simbolismo). Outros pesquisadores (cf. SCHUBOTZ & VON CRAMON, 2001, 2002a, 2002b) concluem que o sistema de neurônios-espelho tem função em tais operações mentais como representação da informação sequencial que é vivida em diversos graus de exposição visual e motora direta.

Uma implicação importante deste trabalho é que a ligação entre ação (fazer) e comunicação (a linguagem) fornece o que Rizzolatti e Arbib (1998) descrevem como a ligação entre o ator e o observador, o que envia e o que recebe a mensagem. Isto é central para nosso entendimento dos mecanismos que permitem que a EAM materialize a MCE e ofereça suporte convincente para a teoria e ligações funcionais.

## O papel de neurônios-espelho no desenvolvimento cognitivo

As conclusões que podem ser tiradas da pesquisa de neurônios-espelho confirmam a relação direta entre intervenções ativas comportamentais da EAM e desenvolvimento e modificabilidade cognitiva. A relação é recíproca e de apoio – um contribui com o outro. Quando fornecemos modelos de comportamento para o aprendiz em desenvolvimento, ativamos circuitos neurais no cérebro que, por sua vez, ativam mais outras funções corticais. Do ponto de vista funcional, há evidência clara de que este mecanismo é aprimorado pelas ações repetitivas que estimulam a aprendizagem de imitação (IACOBONI et al., 1999; BUCCINO et al., 2004), confirmando a função da repetição com variações, que é central em nossa aplicação da EAM.

O grande quebra-cabeça do comportamento de imitação, quando considerado com relação ao desenvolvimento de linguagem, é a forma como ele permite a aquisição de muitas áreas de atividade que ocorrem fora de nossa consciência direta. A função dos neurônios-espelho é uma resposta potencial, e permite grande otimismo com relação ao processo mais geral de criar modificabilidade estrutural cognitiva (e neurofísica). À medida que aprendemos mais com os avanços de pesquisa, temos esperança de que este mecanismo no cérebro nos ajude a entender melhor como o fenômeno observado (e imitado) pode ter o mesmo efeito sobre o neurônio que o comportamento realizado. Como mostrado na área de aquisição de linguagem, mesmo o som relacionado a determinado comportamento não observado tem os mesmos efeitos que o ato observado. Isto tem grandes implicações para entender melhor os mecanismos colocados em efeito pela EAM.

Por exemplo, quando descrevemos o aspecto de intencionalidade/reciprocidade da EAM (cf. capítulo 6), entendemos o processo em termos neurofisiológicos claros. O cérebro vê o que o ator (mediador) está fazendo, e então entende por que o faz. Agora fica claro que isto ocorre de forma integral, processada no sistema neural. Podemos, portanto, concluir que a intenção das ações pode ser comunicada, processada, e o mecanismo é a ativação seletiva do sistema de neurônios-espelho. A nova pesquisa mostra (cf. IACOBONI et al., 2005) que o que é espelhado não é apenas o significado das ações (observado), mas também o entendimento das intenções do outro.

Isso se estende amplamente, movendo de áreas como aquisição de linguagem para a mediação de empatia e entendimento emocional. Estudos inovadores têm mostrado indivíduos expostos a estímulo prazeroso e doloroso, relacionado com a expressão facial do outro, e que vivenciaram ativação de seus sistemas neurais de formas relevantes e consistentes (CARR et al., 2003; SAARELA et al., 2007; SINGER, 2006; WICKER et al., 2003). Outros pesquisadores (cf. GALLESE et al., 2004) resumem estes experimentos ao sugerir que o sentimento de emoções se dá pela ativação de circuitos que fazem a mediação das respostas emocionais correspondentes.

Mais uma vez, ficamos otimistas e animados para pesquisar mais as implicações das mudanças cognitivas estruturais possibilitadas pela EAM.

## Especificando a relação entre neuroplasticidade e modificabilidade cognitiva

Os neurônios-espelho são o principal, mas não o único meio que possibilita a mudança do cérebro por meio da experiência. A plasticidade trabalha ao longo do cérebro e *ao longo de nossas vidas*. Nosso trabalho com indivíduos com uma variedade de níveis funcionais e limitações de adaptação demonstra isto, que tem sido descrito ao longo do livro. Descrevemos as barreiras genéticas/cromossômicas e ambientais que devem ser vencidas. É a ligação entre a neuroplasticidade e a Experiência de Aprendizagem Mediada (EAM) que faz com que seja possível.

Mas é a plasticidade de nossos cérebros que explica as mudanças que podem ser produzidas. Novas experiências permitem que o cérebro altere estruturas existentes ou forme novas conexões para aumentar o potencial funcional (como aumentar a densidade sináptica). A proposta é que novas experiências sejam colocadas na memória de curto prazo, iniciando uma cadeia de estímulos neuroquímicos e elétricos que realizam mudanças estruturais mais profundas e de longo prazo – o que alguns denominam de eco neutro. No fim, caminhos existentes são alterados e novos são criados. A plasticidade permite que o cérebro reconstrua conexões interrompidas ou subdesenvolvidas por trauma, doença ou condições genéticas.

As implicações deste fenômeno para a modificabilidade cognitiva são imensas. Pesquisas sugerem que o cérebro humano pode gerar novas células cerebrais, até mesmo em idade avançada. Se o cérebro é estimulado, irá se adaptar em qualquer estágio da vida, regenerar e ser mais eficiente. Isto reforça nossa hipótese teórica inicial e contínua e confirma nossos desenvolvimentos metodológicos.

Considerando o nível de transmissão e estruturas genéticas, tem sido mostrado que é possível escolher de um grande conjunto de genes nos cromossomos, que levam a determinados tipos de traços, ou seja, este conjunto permite uma escolha. Isso significa que genes, mesmo se modificados, podem ser escolhidos. Há, portanto, uma escala de potencial das mudanças na neurogênese do organismo humano – novas ramificações e conexões sinápticas, e até mesmo a migração de células. Isto nos permite considerar a modificabilidade não apenas como característica muito importante do ser humano, mas podemos dizer que a estrutura cognitiva, os estados de personalidade e as condições emocionais podem ser afetados de forma significativa por determinadas intervenções que precisam ser definidas.

Um excelente exemplo destas conexões é o trabalho de Jeffrey Schwartz (2002), que ampliou os conceitos de neuroplasticidade para tratar de problemas como transtorno obsessivo-compulsivo. Isto abre o potencial de modificabilidade para uma variedade de condições e comportamentos.

## O que significa tudo isto?

Agora somos confrontados com uma pergunta. Qual é a natureza da interação do comportamento do organismo/ambiente/cérebro que mais provavelmente é responsável por estas mudanças? Eventualmente, isto poderá apontar para a resposta sobre a produção da modificabilidade.

Quais são as mudanças que precisam ocorrer na sociedade? O Professor Luis Alberto Machado, Ministro da Inteligência no governo venezuelano no início da década de 1980, escreveu um pequeno livro chamado *O direito de ser inteligente*. Disse que, se a inteligência depende de nós, do que iremos fazer, então é função e obrigação de cada governo disponibilizar isso para seu povo. Logo, não mais podemos agir como se não fôssemos responsáveis pelo que acontece com o aluno. Não podemos dizer que somos confrontados com o imutável, e, portanto, devemos perguntar como mudar isto. Nós, como seres humanos, recebemos a responsabilidade de poder corrigir limitações colocadas em nossos alunos por herança genética, acidente ou pelo ambiente.

## Exemplos de implantação de modificabilidade

Como lembrete final do potencial para a modificabilidade estrutural, queremos brevemente descrever algumas mudanças significativas que fomos capazes de alcançar com aqueles com quem trabalhamos:

> Mark, um arquiteto de alto funcionamento, teve um derrame. Inicialmente não articulava palavras ou transmitia seu pensamento, que não foi afetado. Após consultar com especialistas, que disseram que pouco poderia ser feito, ele trabalhou intensamente com o PEI por vários anos. Recuperou a fala, a maior parte de suas funções cognitivas perdidas ou danificadas, e retornou a um funcionamento ocupacional produtivo e de alto nível. É importante dizer que ele deseja passar para outros o potencial que foi recuperado nele mesmo, apesar de previsões do contrário.

Alex teve o hemisfério esquerdo do córtex removido aos 8 anos para eliminar os efeitos negativos da Síndrome de Sturge-Webber (convulsões similares à epilepsia no cérebro, que eram totalmente debilitantes). Como não havia aprendido a falar antes da cirurgia, previram que ele não falaria nem engajaria em nível mais alto de comunicação e pensamento. À medida que começou a se desenvolver, ao contrário da previsão do neurologista, não havia explicação para os aparentemente impossíveis desenvolvimentos. PEI intensivo e outras formas de EAM, aplicados a partir dos 14 anos, resultaram no desenvolvimento de habilidades muito complexas de pensamento, habilidade de aprender a ler, fazer operações matemáticas e levar uma vida independente – incluindo ir à faculdade de contabilidade.

Ron, que sofreu uma lesão traumática no cérebro nos lobos frontais, recuperou suas habilidades físicas relativamente rápido. Então, se engajou em um curso de PEI por 2 anos, o que permitiu que ele começasse e terminasse o currículo universitário com graduação dupla em psicologia e antropologia. Ele foi citado em um foro público dizendo: "É preciso ter cuidado com Feuerstein, ele é perigoso, não deixará você permanecer como está".

Para nós, educação é muito mais que a simples transmissão de conhecimento ou produção de habilidades no indivíduo. A educação deve seguir o argumento básico de que seres humanos podem e devem ser modificados, capazes de serem mais responsivos e eficazes em seus ambientes. No fim, esta é uma resposta para as perversidades, a criminalidade, as disfunções que estão invadindo nossas comunidades e sociedade mais ampla. Como melhor criar no aluno ou indivíduo condições que permitam a expressão de um gene diferente ou uso de outro caminho do cérebro do que foi usado até então? As implicações são imensas e de grande demanda.

Ninguém afirma que, se estas implicações forem positivamente tratadas, indivíduos seriam totalmente iguais. Mas a quantidade básica de inteligência necessária para se adaptar e mudar as respostas, para criar e alcançar objetivos, como descrito neste livro, está intimamente relacionada com o encontro de formas de aumentar o funcionamento *inteligente* – novamente, de acordo com os muitos aspectos apresentados neste volume.

Talvez o melhor resumo que, possamos fazer sobre a possibilidade de intervir e mudar a natureza do potencial humano é reiterar o conceito da ontogenia tripla do desenvolvimento, que foi tratado no capítulo 4. Defendemos que os seres humanos não são determinados apenas por suas naturezas biológicas, por seus cromossomos ou por suas histórias de experiência em suas culturas, seus estados de privação ou aprimoramento. Uma terceira ontogenia, a Experiência de Aprendizagem Mediada, é necessária para manifestar completamente e materializar o potencial para o desenvolvimento humano. Como apontamos em nossa discussão anterior, isto é tão importante para o desenvolvimento normal quanto para situações de privação, disfunção e deficiência.

Este ponto de vista faz com que seja possível aceitar a forte ligação entre comportamento e cérebro, e reconhecer o efeito recíproco que um tem sobre o outro. O conhecimento que temos hoje sobre as formas de funcionamento dos diversos componentes neurofisiológicos do comportamento – as células, as sinapses, fluxo de sangue para o cérebro, estímulo eletroquímico – faz com que o conceito de modificabilidade seja um fenômeno neurofisiológico que embasa e suporta o funcionamento comportamental.

## Perguntas e respostas que apontam para o futuro

Tudo isso traz o conceito do ser humano como entidade modificável para um estado de entendimento por meio não apenas do posicionamento lógico, mas de conclusões derivadas experimentalmente (e.g., dados derivados). Assim, é elevado ao patamar de fenômeno cientificamente evidenciado. Entre as perguntas básicas que colocamos no início deste livro estão: Quais são os comportamentos que afetarão e modificarão não apenas a natureza do comportamento, mas a estrutura do cérebro (e vice-versa)? Que comportamentos afetarão melhor o cérebro a ser modificado, em casos de deterioração e restauração, além de desenvolvimento normalizado? Como podemos melhor vencer acidentes, condições adversas ou envelhecimento? Quais são as características dos comportamentos determinados pelo ambiente e comportamentos observados que melhor afetarão as condições neurofisiológicas do cérebro? Como podemos ajudar alunos a alcançar seu maior potencial?

Tem sido dito que, para o comportamento afetar o cérebro, precisa haver uma experiência mais complexa que a usual, familiar ou prévia. Por exemplo, o comportamento que é conhecido e automatizado não afeta a neuroanatomia de forma tão significativa quanto o novo e não familiar. As pessoas que continuam fazendo apenas o que lhes é familiar – que já têm feito por 50 ou 60 anos – não terão tanto benefício no que diz respeito à manutenção do cérebro não deteriorado pela idade. Quando queremos reabilitar o cérebro de uma pessoa com lesão cerebral, não ajuda repetir o que é conhecido, precisamos de algo novo, que se torne fonte de novas estruturas para repor as danificadas. É preciso formular a natureza dos programas de intervenção, a natureza do estímulo vindouro, a natureza de atividades impostas no cérebro que afetarão não apenas o comportamento, mas as estruturas neurais responsáveis pelo comportamento.

Quando a EAM foi descrita há mais de 30 anos, foi identificada como determinante de comportamento. Quando queríamos explicar por que crianças de grupos culturais específicos, como os Iemenitas, eram mais modificáveis que as crianças de outros grupos, a resposta estava na grande quantidade de EAM, um componente formidável da cultura Iemenita. Agora, temos outro corpo de conhecimento confirmador e expansivo, que não apenas suporta a teoria da EAM como grande determinante do comportamento humano, mas se estende em direções que não conhecemos completamente neste momento da história. Portanto, a explosão da ciência e tecnologia nos dá esperança e responsabilidade!

# Bibliografia comentada

Esta bibliografia comentada foi incluída para ajudar o leitor que deseja aprender mais sobre os conceitos e processos descritos no livro. As referências oferecem elaboração sobre a teoria e programas aplicados, com descrições de práticas, estudos de caso e diversos instrumentos e questões de implementação.

FEUERSTEIN, R. (2003). *Theory and applied systems: A reader.* Jerusalém: International Center for the Enhancement of Learning Press.

Oito seleções da literatura de Feuerstein que fornecem cobertura ampla dos principais aspectos teóricos e aplicados de sua teoria. É apropriado para novatos e especialistas no campo. Os especialistas encontrarão discussão profunda de alguns dos grandes elementos da teoria. Os novatos se beneficiarão das múltiplas perspectivas teóricas oferecidas e aplicações do Programa de Enriquecimento

Instrumental de Feuerstein (PEI), o LPAD e a moldagem de ambientes modificantes (SME).

FEUERSTEIN, R. & FALIK, L.H. *Mediated soliloquy – and beyond: Theory, concept, and a guide to practical applications.* Jerusalém: International Center for the Enhancement of Learning Press.

Uma introdução à aplicação da MCE e da EAM para o estímulo e desenvolvimento de linguagem. Teoria e práticas se baseiam nas novas neurociências. Ele fornece uma taxonomia extensiva de desenvolvimento de linguagem a ser estruturada na provisão da fala mediada (solilóquio), gerada pelo mediador adulto e eventualmente observada na criança para quem o solilóquio é direcionado. Sugestões práticas são oferecidas sobre a criação de experiências de linguagem e calibração de respostas baseadas em observações de comportamento infantil.

FEUERSTEIN, R.; FEUERSTEIN, R.S.; FALIK, L.H. & RAND, Y. (2002). *The dynamic assessment of cognitive modifiability – The learning propensity assessment device: Theory, instruments and techniques.* Jerusalém: International Center for the Enhancement of Learning Press.

Uma introdução à teoria e aplicações da avaliação dinâmica, fazendo contraste com métodos psicométricos convencionais e descrevendo a Avaliação Dinâmica do Potencial de Aprendizagem (LPAD) como abordagem alternativa importante para avaliar funções cognitivas. Uma descrição das baterias LPAD-Padrão e LPAD-Básico. Aplicações práticas são apresentadas, incluindo avaliação em grupo, avaliação de populações especiais e aplicações de pesquisa. Há estudos de caso detalhados de indivíduos e grupos avaliados por métodos dinâmicos.

FEUERSTEIN, R.; FEUERSTEIN, R.S.; FALIK, L.H. & RAND, Y. (2006). *Creating and enhancing cognitive modifiability: The Feuerstein instrumental enrichment program*. 2. ed. Jerusalém: International Center for the Enhancement of Learning Press.

A segunda edição foi revisada e expandida para incluir os avanços atuais na teoria e prática. As teorias fundacionais e conceitos aplicados (MCE, EAM, funções cognitivas deficientes, Mapa Cognitivo), nos quais o Programa de Enriquecimento Instrumental de Feuerstein (PEI) é baseado, são apresentados em detalhe. Os instrumentos do PEI-Padrão e PEI-Básico são descritos, com aplicações em sala de aula e populações terapêuticas, além de aplicações de pesquisa e treinamento para professores.

FEUERSTEIN, R.; RAND, Y. & FEUERSTEIN, R.S. (2006). *You love me!... Don't accept me as I am*. 3. ed. Jerusalém: International Center for the Enhancement of Learning Press. Esta é a terceira edição de um livro muito popular que foi escrito com o intuito de apresentar ao leitor, em formato acessível, a aplicação da teoria de MCE e EAM a indivíduos com deficiências – genéticas, cromossômicas, comportamentais e de desenvolvimento. O livro inclui discussões gerais sobre a teoria, como aplicá-la em diversas situações e estudos de caso. Um capítulo final foi adicionado para tratar das questões de inclusão de indivíduos com deficiências em ambientes não especialmente preparados para recebê-los – uma questão de importância crítica e necessidade vital.

# Referências

AEBLI, H. (1951). Didactique psychologique: Application a la didactique de la psychologie de Jean Piaget. Neuchatel: Delechaux and Niestle.

BARON-COHEN, S. (1997). Mindblindness: An essay on autism and the theory of mind. Cambridge, MA: MIT Press.

BINET, A. & SIMON, T. (1905). "Methodes nouvelles pour le diagnostic du niveau intellectual des anormaux". Anee Psycholol., 11, p. 191-244.

BUCCINO, G.; LUI, F.; CANESSA, N.; PATTERI, I.; LAGRAVINESE, G. et al. (2004). "Neural circuits involved in the recognition of actions performed by nonconspecifics: An fMRI study". Journal of Cognitive Neuroscience, 16, p. 1-14.

CARR, L.; IACOBONI, M.; DUBEAU, M.C.; MAZZIOTTA, J.C. & LENZI, G.L. (2003). "Neural mechanisms of empthay in humans: A relay from neural systems for imitation to limbic areas". Proceedings of the National Academy of Science, USA, 100, p. 5.497-5.502.

DOIDGE, N. (2007). The brain that changes itself. Nova York: Viking.

FEUERSTEIN, R. & FALIK, L.H. (2000). "Cognitive modifiability: A needed perspective on learning for the 21st century". College of Education (San Francisco State University) Review, 12.

FEUERSTEIN, R. & FALIK, L.H. (s.d.). Mediated soliloquy: Theory, concept, and a guide to practical applications. Jerusalém: Icelp.

FEUERSTEIN, R.; FEUERSTEIN, R.S.; FALIK, L.H. & RAND, Y. (2006). Creating and enhancing cognitive modifiability: The Feuerstein instrumental enrichment program. Jerusalém: Icelp.

FEUERSTEIN, R.; RYNDERS, J. & RAND, Y. (1988). Don't accept me as I am. Nova York: Plenum.

FOGASSI, L, & FERARRI, G. (2007). "Mirror neurons and the evolution of embedded language". Current Directions in Psychological Science, 16 (3), p. 136-141.

GALLESE, V.; KEYSERS, C. & RIZZOLATTI, G. (2004). "A unifying view of the basis of social cognitition". Trends in Cognitive Sciences, 8, p. 396-403.

GOLEMAN, D. (2006). Social intelligence. Nova York: Bantam Books.

HARRE, R. & VAN LANGAN ROVE, L. (1991). Physical being: A theory for a corporal psychology. Oxford: Blackwell.

HERRNSTEIN, R. & MURRAY, C. (1994). The bell curve: Intelligence and class structure in American life. Nova York: The Free Press.

IACOBONI, M.; KOSKI, L.M.; BRASS, M.; BEKKE-RING, H. & WOODS, R.P. (2001). "Reafferent copies of imitated actions in the right superior temporal cortex". Procedures of the National Academy of Science, USA, 98, p. 13.995-13.999.

IACOBONI, M.; WOODS, R.P.; BRASS, M.; BEKKE-RING, M.; MAZZIOTTA, J.C. & RIZZOLATTI, G. (1999). "Cortical mechanisms of human imitation". Science, 286, p. 2.526-2.528.

KOHLER, L.; KEYSERS, C.; UMILTA, M.A.; FO-GASSI, L.; GALLESE, V. & RIZZOLATTI, G. (2002). "Hearing sounds, understanding actions: Action representation in mirror neurons". Science, 297, p. 846-848.

KOZULIN, A.; LEBEER, J.; MADELLA-NOJA, A.; GONZALEZ, F.; JEFFREY, I.; ROSENTHAL, N. & KOSLOWSKY, M. (2010). "Cognitive modifiability of children with developmental disabilities: A multicenter study using Feuerstein's Instrumental Enrichment-Basic program". Research in Developmental Disabilities, 31 (2), p. 551-559.

LESSER, G.S.; FIFER, G. & CLARKE, D.H. (1965). Mental abilities of children of different social class and cultural groups. Chicago: University of Chicago Press for the Society for Research in Child Development.

LIBERMAN, A.M. & MATTINGLY, I.G. (1989). "The motor theory of speech perception revised". Cognition, 21, p. 1-36.

MEISTER, I.G.; BOROOJERDI, B.; FOLTYS, H.; SPARING, R.; HUBER, W. & TOPPER, R. (2003). "Motor cortex hand area and speech: Implications for the development of language". Neuropyschologia, 41, p. 401-406.

PATTERSON, F.G. (1981). "Ape language". Science, 211, p. 4.477.

PATTERSON, F.G. (1978). "The gestures of a gorilla: Language acquisition in another pongid". Brain and Language, 5 (72).

RAND, Y.; MINTZKER, Y.; MILLER, R.; HOFFMAN, M. & FRIEDLENDER, S. (1981). "The instrumental enrichment program: Immediate and long range effects". In: MITTLER (org.).

Frontiers of knowledge in mental retardation, 1, p. 141-152.

RIZZOLATTI, G. & ARBIB, M.A. (1998). "Language within our grasp". Tins, 21 (5), p. 188-194.

RIZZOLATTI, G. & CRAIGHERO, L. (2004). "The mirror neuron system". Annual Review of Neurosciences, 27, p. 169-192.

SAARELA, M.V.; HLUSHCHUK, Y.; WILLIAMS, A.C.; SCHURMANN, M.; KALSO, E. & HARI, R. (2007). "The compassionate brain: Humans detect intensity of pain from another's face". Cerebral Cortex, 17 (1), p. 230-237.

SCHUBOTZ, R.I. & VON CRAMON, D.Y. (2001). "Functional organization of the lateral premotor cortex: fMRI reveals different regions activated by anticipation of object properties, location and speed". Brain Research Cognitive Brain Research, 11, p. 97-112.

SCHUBOTZ, R.I. & VON CRAMON, D.Y. (2002a). "A blueprint for target motion: fMRI reveals perceived sequential complexity to modulate premotor cortex". Neuroimage, 16, p. 920-935.

SCHUBOTZ, R.I. & VON CRAMON, D.Y. (2002b). "Predicting perceptual events activates corresponding motor schemes in lateral premotor cortex: An fMRI study". Neuroimage, 15, p. 787-796.

SCHWARTZ, J.M. & BEGLEY, S. (2002). The mind and the brain: Neuroplasticity and the power of mental force. Nova York: Regan Books.

SEYAL, M.; MULL B.; BHULLAR, N.; AHMAD, T. & GAGE, B. (1999). "Anticipation and execution of a sample reading task enhance corticospinal excitability". Clinical Neurophysiology, 110, p. 424-429.

SINGER, T. (2006). "The neuronal basis and ontogeny of empathy and mind reading: Review of literature and implications for further research". Neuroscience and Biobehavioral Reviews, 6, p. 855-863.

SKOYLES, J.R. (2008). Mirror neurons and the motor theory of speech [Disponível em www2psy.uq.edu/CogPsych/Noetica/Open Form Issue 9/].

UMILTA, M.A.; KOHLER, E.; GALLESE, V.; FOGASSI, L.; FADIGA, L. et al. (2002). "'I know what you are doing': A neurophysiological study". Neuron, 32, p. 91-101.

WICKER, B.; KEYSERS, C.; PLAILLYU, J.; ROYET, J.P.; GALLESE, V. & RIZZOLATTI, G. (2002). "Both of us disgusted my insula: The common neural basis of seeing and feeling disgust". Neuron, 40, p. 655-664.

ZIGLER, E. & BUTTERFIELD, E.C. (1986). "Motivational aspects of changes in IQ test performance of culturally deprived nursery scholl children". Child Development, 39, p. 1-14.

# Índice

Acomodação (Piaget) 263
Adaptabilidade; cf. Flexibilidade/adaptabilidade
TDAH
    Donna (caso) 207
    Programa de Enriquecimento Instrumental de
        Feuerstein – Básico 179
Aebli, H. 100
Afro-americanos
    Experiência de Aprendizagem Mediada (EAM) 100
    resistência à modificação da inteligência 56s.
Alcance de objetivos, mediação do 146s.
Alex (caso) 325
Alienação 154
Allan (caso) 84s., 89-93, 95-99, 100-102, 116
Alunos com deficiências
    argumento que apoia a modificabilidade da
        inteligência 79s.
    Programa básico do Enriquecimento Instrumental
        de Feuerstein (PEI-B) e 277-281, 283-294
Ambientes homogêneos, perigos dos 298s.
Ambientes pós-intervenção 17
Analogia de formas 233

Analogia verbal 234
Aprendizado por imitação
  desenvolvimento cognitivo e 318-321
  neurônios-espelho e 318-321
  neuroplasticidade e 311s.
Aprendizes ativos, desenvolvendo 266s.
Aprendizes independentes, desenvolvendo 266s.
Arbib, M.A. 316s.
Área de Broca 313
Assimilação (Piaget) 263
Ausência da Experiência de Aprendizagem Mediada
  160-179
    barreiras internas causando 173-177
    causas da 160-163
    lidando com a necessidade de mediar 170-173
    mediando passado e futuro 163-166
    modificabilidade de humanos 178s.
    transmissão cultural e 161s., 166-170
Autoadaptação 39
Autoperpetuação do aprendizado 120
Avaliação cognitiva dinâmica 209-236
Avaliação estática 219-225

Bahia (Brasil) 303
Baron-Cohen, S. 287
Barreiras para a Experiência de Aprendizagem
  Mediada (EAM)
    ambiental 160-163, 177s., 295-304
    interna 160-163, 173-178
Barreiras para a MCE 48-56
    desafiando conceito de "período crítico" 50-54
    etiológico 48s.

gravidade da condição como barreira 54s.

idade 50-52

Bekkering, M. 226

Bergson, H. 164

Bhullar, N. 224

Binet, A. 69

Brancos, resistência à modificação da inteligência 77s.

Bransford, J.D. 15

Bruner, J. 108s.

Buber, M. 123, 146

Buccino, G. 319

Busca de objetivos, mediação da 146s.

Busca por desafio, mediação da 148s.

Butterfield, E.C. 267

Campo mental estreito 199s.

Capacidade de transformação; cf. Generalização
transformação

Carr, L. 320

Clarke, D.H. 168

Ciclo de mediação 119

Cognição

ferramentas de pensamento 38-43

funções cognitivas deficientes 180-208, 229

importância da 35-38

processos cognitivos na 35-41, 264s.

suposição de modificabilidade 40-43

unidades de comportamento na 37

Colocação de objetivos, mediação da 146

Comer, J. 111

Competência, mediação do sentimento de 134-137

Comportamento comparativo, falta de
espontaneidade 198s.
Comportamento de compartilhar
exemplos de 301-305
mediação do 137-143
Comportamento de planejamento, falta de 200s.
Comportamento de resumo, falta de 200-203
Comportamento impulsivo 190, 207
Comunicação com gestos 108, 314-318
Comunicação egocêntrica 189
Comunicação
bloqueio de resposta 191
egocêntrico 189
resposta impulsiva 190
respostas de tentativa e erro 190
Conceito do caldeirão 169
Confiabilidade 222
Consciência de ser uma entidade modificável 150
Consolidação de hábitos de pensamento 261-266
Constâncias, falta da preservação de 186s.
Continuidade, mediação para 170
Craighero, L. 315-318
Crianças novas, programa básico de Enriquecimento
Instrumental de Feuerstein e 283-286
Cultura da alimentação 123
Cultura da pobreza 162
Cultura Iemenita 329
Cultura imigrante 169
Curva do Sino 67, 78, 213s.

Desenho de figura complexa 62s.
Desenvolvimento cerebral; cf. tb. Novas neurociências

Impacto do comportamento no 18
Desenvolvimento de linguagem
comunicação com gestos 108, 314-318
neuroplasticidade e 314s.
precoce 113
Desenvolvimento da personalidade 39
Desenvolvimento precoce da linguagem 113
Desordem do X Frágil 177
Diferenciação psicológica, mediação da 143-146
Dificuldades de aprendizagem (DA), Programa de
Enriquecimento Instrumental Básico de Feurestein
(PEI-B) e 277s., 292s.
Distância cognitiva 58s.
Distrito escolar de Taunton (Boston) 303
Distúrbio de cromossomo X quebrado 177
Distúrbios de cromossomo 49
Distúrbios do espectro do autismo, programa de
Enriquecimento Instrumental de Feuerstein –
Básico (PEI-B) e 287, 292
Doidge, N. 313
Donna (caso) 207
Dubeau, M. C. 227

Educação de filhos
Experiências de Aprendizagem Mediada (EAM)
entre mães e filhos 100-102, 100-115, 126, 143
Experiência de Aprendizagem Mediada (EAM)
*versus* 155s.
Efeitos divergentes 270
Espaço, dificuldade de se colocar no 186
Esquemata (*schemata*) (Piaget) 27, 262s.

Estímulo-organismo-resposta (E-O-R)
  modelo 86-100, 164
Estudos animais, de comunicação por gestos 108,
  314-318
Etiologia
  como barreira para a modificabilidade cognitiva 48s.
Evelyn (caso) 172
Experiência de aprendizagem direta
  Experiência de Aprendizagem Mediada
  (EAM) *versus* 81, 83-100
  na modificação da inteligência 78-82
Experiência de Aprendizagem Mediada (EAM) 47,
  83-179
  alternativas otimistas 152s.
  barreiras a 161, 173-179, 295-302
  busca por desafio 148s.
  comportamento de compartilhar 140-142
  condições para 130
  consciência de ser entidade modificável 150s.
  construção do modelo 86-100
  desenvolvendo inteligência por meio da 71-73
  diferenciação psicológica 143s.
  educação *versus* 156s.
  em primatas 108, 317s.
  ensino *versus* 156s.
  estabelecendo condições para 130
  exemplos de efeitos 102-105
  experiência de aprendizagem direta *versus* falta da
    160-179
  função do mediador no 97-105
  funções cognitivas deficientes 180-208
  individualização 143-146, 154

instrumentos do PEI e princípios de uso 240-247
mãe-filho 101s., 111-114, 127, 146
modificabilidade da inteligência 75-82
modificabilidade de humanos 73, 106, 150, 178s.
moldando ambientes de suporte e 295-307
neuroplasticidade como suporte para 311s.
parâmetros de 115-130, 155, 254
regulamento e controle do comportamento 137s.
relação da função cognitiva deficiente com
   204-208
resumindo questões sobre 105s., 129s., 305-307
sentimento de pertencimento 154s.
sentimentos de competência 134-137
treinamento em 304s.
  cf. tb. Novas neurociências
Experimento das garrafas inclinadas (Piaget)
   102s., 195
Exploratorium (São Francisco) 83

Falik, L.H. 35, 313, 332s.
  Fase de *input* da função cognitiva 181-187, 193,
    203-207
  funções deficientes da 182-188
  natureza da 180s.
Fase de reteste 216-219
Fase pré-teste 216s.
Fatores ambientais 295-307
  barreiras para a Experiência de Aprendizagem
    Mediada (EAM) 160s., 177, 295-303
  barreiras para a MCE 47-56, 295-303
  percepção episódica da realidade 197s.
  perigos do ambiente homogêneo 298s.

Fatores distais 175s.

Fatores proximais 175s.

Fenômeno do cobertor curto 200

Ferarri, G. 314

Feuerstein, R.S. 77, 102

Fifer, G. 168

Flexibilidade/adaptabilidade como dimensão da
mudança estrutural 60-64
mediação da 146s.
necessidade de 272s.

Fogassi, L. 314

Foltys, H. 224

Fontes múltiplas de informação 131s.

Forças de Defesa de Israel 190

Friedlender, S. 265-271

Funções cognitivas da fase de elaboração 187-207
funções deficientes da 189-205
natureza da 190-194

Funções cognitivas da fase de *output* 188-194, 204
funções deficientes da 189s.
natureza da 186-190

Funções cognitivas deficientes 180-208, 229
fase de elaboração 191-207
fase de *input* 180-187, 193s., 203-206
fase de *output* 188s., 191s., 204
mapa cognitivo e 229-233
relação com a EAM 204-208

Gallese, V. 321

Generalização/transformação, como dimensão da
mudança estrutural 60s., 64s.

Goleman, D. 315

Hábitos
consolidação do pensamento 261-265
criação de 262
Harre, R. 71
Herrnstein, R. 67, 213, 309
Hoffman, M. 271
Hunt, J.M. 184

Iacoboni, M. 319
Idade crítica 50s.
Idade, como barreira à modificabilidade cognitiva
48-51
Individualização, mediação da 143s., 152s.
Início 52
Instrumento Aprendendo a fazer perguntas para
interpretação de texto (PEI-B) 282
Instrumento da empatia à ação (PEI-B) 281, 288
Instrumento da unidade para o grupo (PEI-B)
281, 291
Instrumento de aprendizado de atenção em três
canais (PEI-B) 289
Instrumento de comparações (PEI) 245s.
Instrumento de organização de dados (PEI) 245s.
Instrumento de organização de pontos (básico)
(PEI-B) 281, 291
Instrumento de organização de pontos (PEI) 251, 256
Instrumento de orientação espacial – 1 (PEI) 264s.
Instrumento de orientação espacial (básico)
(PEI-B) 281, 291
Instrumento de Percepção Analítica (PEI) 242
Instrumento de progressões numéricas (PEI) 259s.
Instrumento de relações transitivas (PEI) 243

Instrumento de silogismo (PEI) 242
Instrumento identificando emoções (PEI-B) 282, 286
Instrumento para comparar e descobrir o absurdo
(PEI-B) 282, 289
Instrumento para conhecer e identificar
(PEI-B) 282s.
Instrumento pensar e aprender (PEI-B) 282
Instrumentos de conhecimento de conteúdo
(PEI-B) 283
Instrumentos de consciência social/emocional
(PEI-B) 282, 285s.
Instrumentos de desenvolvimento de percepção
(PEI-B) 281
Instrumentos de desenvolvimento motor (PEI-B) 281
Instrumentos de orientação espacial (PEI-B) 281
Instrumentos de pensamento abstrato/integrador
(PEI-B) 282s.
Inteligência cristalizada 221, 284
Inteligência fluida 221, 284
Inteligência social (Goleman) 315
Inteligência
  alcançando mudanças estruturais e 70s.
  como força dinâmica 68s.
  cristalizada 221, 284s.
  definida 34, 66s.
  fluida 221, 284
  importância da 75
  medida da 69
  modificando 75-76
  ontologias triplas de desenvolvimento 71s.
  redefinindo a natureza da 67-72
  testes de QI 67

Intencionalidade, da Experiência de Aprendizagem
Mediada (EAM) 110, 116-121, 154-159
Interiorização 202s.
Intervenção
ambientes pós-intervenção
avaliação *versus* 273-276
racionalização para a 190s.
usando o Programa de Enriquecimento
Instrumental Básico de Feuerstein (PEI-B) na
terapia 288-293

Jensen, A. 49

Kohler, E. 316
Koko (orangotango) 108
Kozulin, A. 293

Lesser, G.S. 168s.
Liberman, A.M. 313
Linguagem de Sinais Americana (ASL) 108

Machado, L.A. 323
Mapa cognitivo 228-234
natureza do 229
variáveis para análise 229-233
Mark (caso) 324
Mattingly, I.G. 313
Mediação cultural entre gerações 161
Mediadores
função dos 163s.
natureza dos 30s.
professores *versus* 30s., 156s., 215

Meister, I.G. 316
Metacognição 139
Miller, R. 271
Mintzker, Y. 271
Modelo de estímulo-resposta (E-R) 87s., 98s.
Modelo de inoculação 352
Modificabilidade Cognitiva Estrutural (MCE) 17-22, 23-31
   barreiras para 47-56, 295-302
   evidência do Programa de Enriquecimento Instrumental de Feuerstein 268-272
   exemplos de implementação 324-327
   modificação da inteligência 75-82
   moldando ambientes de modificabilidade 301-305
   moldando ambientes de suporte e 295-307
   neuroplasticidade e 311-318, 321s.
   psicologia cognitiva de Piaget e 24-27
   resistência a 17s.
   resumindo questões com relação a 305-307
   sistema de crenças como base para 44-48, 56s.
   sobreviventes do holocausto e 16s., 24-31
   cf. tb. Novas neurociências: Mudança estrutural
Modificabilidade cognitiva; cf. Modificabilidade Cognitiva Estrutural (MCE)
Modificabilidade; cf. Modificabilidade Cognitiva Estrutural (MCE)
   em humanos 73-82
Modificação comportamental 258
Modificando a inteligência 75
   argumento para suportar a modificabilidade 76-81
   resistência à 77s.
   trabalhando para produzir modificabilidade 80-82

Moisés 194
Moldando ambientes modificantes (MAM) 211,
 295-307
   natureza dos ambientes de mediação 295-300
   parâmetros dos 300-305
   resumo de questões nos 305-307
Motivação extrínseca 256-261
Motivação intrínseca 256, 261-267
Motorola 249
Mudança estrutural 58-72
   diferenciando a natureza da 64s.
   dimensões da 60-66
   modificabilidade de humanos 73, 108, 150-152, 178s.
   na redefinição da natureza da inteligência 67-74
   natureza da 58-62
Mudança; cf. Mudança estrutural
Murray, C. 67, 213, 309

Necessidades, sistema de crenças baseado em 56s.
Neurofisiologia 40
Neurônios-espelho
   função no desenvolvimento cognitivo 318-321
   natureza dos 311-315
Neuroplasticidade 49, 76, 212s.
   neurônios-espelho e 311-321
   relação com modificabilidade cognitiva 311-323
Novas ciências do cérebro 48s.
Novas neurociências 47, 67, 308-329
   cognitivas 311-323
   exemplos da implementação estrutural da MCE
      324-327
   implicações da 323s.

neurônios-espelho no desenvolvimento cognitivo 318-321

neuroplasticidade 49, 76, 213s., 311-323

relação entre neuroplasticidade e modificabilidade

revisando a "ciência" do cérebro 310s.

Ontologia sociocultural 71

Operotropismo 25

Oppenheimer, F. 83

Orientação de processo na avaliação 224-228

Orientação de produto na avaliação 224-228

Otimismo, mediação do 152s.

Patterson, F.G. 108

PEI; cf. Programa de Enriquecimento Instrumental de Feuerstein (PEI)

PEI-B; cf. Programa Básico de Enriquecimento Instrumental de Feuerstein (PEI-B)

Pensamento com *insight* e aprendizado 254

Pensamento no aprendizado 33-43

Percepção focada 182-184

Percepção

borrada e generalizada 182s.

focada 182-184

funções deficientes da fase de *input* 182s.

impulsiva 184s.

Períodos críticos

desafiadores 52s.

natureza dos 48-54

Permanência, como dimensão da mudança

estrutural 60-65

Pertença, mediação do senso de 154-157
pesquisa no 246s.
preparação para a escola 293s.
Programa de Enriquecimento Instrumental de
Feuerstein (PEI) *versus* 281-286
uso em terapia 288-292
visão geral 279s.
Pessimismo 152-156
Peugeot 249
Piaget, J. 16, 24-30, 41, 59, 87, 98s., 102, 166, 194
Ponte 255
Precisão, falta de necessidade de 185
Privação cultural 168, 212
Problemas
relevantes e irrelevantes na resolução de 192, 198
definindo a existência de 194-197
reconhecendo a existência de 194-197
Processos biológicos/de maturação 48
Professores mediadores *versus* 30s., 156-159, 215s.
natureza dos 29s.
Programa ABA 258
Programa Básico de Enriquecimento Instrumental de
Feuerstein (PEI-B) 240, 277-294
crianças com deficiências e 277-294, 287-293
crianças novas e 283-286
instrumentos e princípios de uso 281-285
medidas de prevenção 293s.
Programa de Enriquecimento Instrumental de
Feuerstein (PEI) 53, 79, 210, 237-276
avaliação *versus* intervenção 273-276
conteúdo *versus* processos e 267
de aprendizado do programa 247

desenvolvimento de 237-241
dilema entre conteúdo e processo 267
evidência de MCE 268-272
Feuerstein (PEI-B) *versus* 283-286
instrumentos e princípios de uso 240-247
objetivos 248-267
racionalização para intervenção 272s.
resumindo questões com relação a 305-307
subobjetivos 250-267
Programas de imunização 52
Psicologia cognitiva
fatores distais e proximais no desenvolvimento
cognitivo 174
metacognição e 138
Piaget e 24-30, 41, 59, 87, 98s., 102, 166
Psicologia dinâmica 24s.
Psicologia psicodinâmica 25

Rand, Y. 265, 271, 332s.
Reciprocidade, da Experiência de Aprendizagem
Mediada (EAM) 116-121
Regulação do comportamento, mediação da 137s.
Relações virtuais, inabilidade de projetar 201
Renault 249
Resistência, como dimensão da mudança
estrutural 60-63
Respostas de tentativa e erro 190s.
Respostas
bloqueio de 191
falta de necessidade de justificar 203s.
impulsiva 190
tentativa e erro 190s.

Rey, A. 16, 20, 24s.
Right to Be Intelligent (Machado) 323
Rizzolatti, G. 315s.
Ron (caso) 325
Rótulos verbais, falta de 131
Rousseau, J.-J. 90

Saarela, M.V. 320
Schwartz, J.M. 323
Senso de pertencimento, mediação do 154s.
Severidade da condição, como barreira para a
    modificabilidade cognitiva 54s.
Seyal, M. 316
Shubotz, R.I. 318
Significado, mediação do 126-130, 156
Simon, T. 69
Síndrome de Down 48, 79, 176, 289
Síndrome de Sturge-Webber, MCE e 325
Singer, T. 320
Avaliação Dinâmica do Potencial de Aprendizagem
(LPAD) 62-64, 152, 209s., 214-236
    avaliação estática *versus* dinâmica 220-225
    avaliação *versus* intervenção 273-276
    estágios da avaliação dinâmica no 214-219
    funções cognitivas 228-236
    lógica para 212s.
    mapa cognitivo 228s.
    moldagem de ambientes modificantes (MAM)
        211, 297-307
    resumindo questões com relação ao 305-307
Síndrome do X Frágil 36
Sistema de crenças

baseado em necessidades 16
como base da MCE 45-47
Sistemas linguísticos, falta de rótulos verbais 186
Skoyles, J.R. 313
Snecma 249
Sobreviventes do Holocausto 16, 25, 27-30
Solilóquio mediado (SLM) 313

Tempo
conceitos de tempo na analogia verbal 234s.
dificuldade de se colocar no 186
Teste de Binet-Simon 69, 309
Teste de métrica progressiva de Raven 16, 217
Teste de Terman 69, 309
Teste de Weschler 309
Testes de QI 67, 309
Transcendência, da Experiência de Aprendizagem
Mediada (EAM) 120-126, 167-170
Transmissão cultural 163, 166-170
Trauma cerebral, MCE e 324s.

Umilta, M.A. 317
Underbeziehung (Buber) 123
Urdestanz (Buber) 123

Validade 222
Van Langen Rove, L. 71
Vancouver (Colúmbia Britânica) 303
Vítimas de infarto, Modificabilidade Cognitiva
Estrutural (MCE) e
Von Cramon, D.Y. 318

Wicker, B. 320
William (caso) 91-102, 194

Y (caso) 54s.

Zigler 267

Conecte-se conosco:

**f** facebook.com/editoravozes

@editoravozes

@editora_vozes

youtube.com/editoravozes

+55 24 2233-9033

www.vozes.com.br

Conheça nossas lojas:

www.livrariavozes.com.br

Belo Horizonte – Brasília – Campinas – Cuiabá – Curitiba
Fortaleza – Juiz de Fora – Petrópolis – Recife – São Paulo

  Vozes de Bolso

**EDITORA VOZES LTDA.**
Rua Frei Luís, 100 – Centro – Cep 25689-900 – Petrópolis, RJ
Tel.: (24) 2233-9000 – E-mail: vendas@vozes.com.br